en, abnippeln, abschmieren, den letzten Atemzug tun, die Biege
etzte Stündlein hat geschlagen, abkratzen, das Zeitliche segnen,
nten sehen, abdanken, sein Leben lassen, sein Leben aushauchen,
geben, von uns gehen, draufgehen, verrecken, es hat einen erwischt,
ründe eingehen, ins Gras beißen, ums Leben kommen, heimgeholt
nen, den Tod finden, den Arsch zukneifen, über die Wupper gehen,
e Hunde gehen, den letzten Kringel kacken, als Wurmfutter enden,
, die Augen für immer schließen, den ewigen Schlaf schlafen,
n werden, heimgerufen werden, die letzte Reise antreten, den Weg
en, vor seinen Schöpfer treten, seinen letzten Gang gehen, vom
abberufen werden, hopsgehen, das Erdenkleid ablegen, die letzte
holt werden, absegeln, abzwitschern, alle viere von sich strecken,
, aus der Mitte gerissen werden, ausgeknipst werden, bei Petrus
en ein Ende bereiten, den Ahnen folgen, den Kampf gegen den Tod
n Kuss des Todes spüren, den letzten Schnaufer tun, den letzten
e Last des Lebens ablegen, die Augen auf null drehen, die ewige
shauchen, die letzte Schicht fahren, die Reisestiefel anziehen,
immer von uns gehen, hinüberwandern, im Engelschor singen,
ruft steigen, ins Grab sinken, ins Jenseits … en, ins
chen, jemandes Zeit ist gekommen, keine S… haben,
Seele aushauchen, seine Tage beschließen, … pyjama
egeben, über die Klinge springen, verlöschen, vom Tod geholt
e eingehen, vor die Hunde gehen, das Zeitliche segnen, sterben

RADIESCHEN VON UNTEN

Für Bärbel und Stine
K.

Für Pu, Mu und Openom
A.

Katharina von der Gathen • Anke Kuhl

RADIESCHEN VON UNTEN

Das bunte Buch über den Tod für neugierige Kinder

Klett Kinderbuch

Inhalt

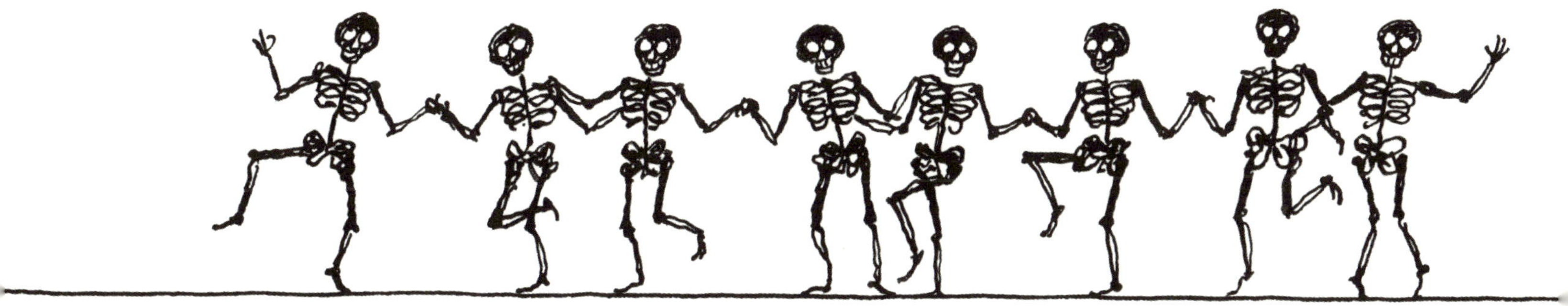

Ein Wörtchen vorneweg

Dies ist ein Buch über das Sterben und den Tod. Ist Sterben schlimm? Kann es auch schön sein? Warum muss man überhaupt sterben? Was passiert dann? Und was ist, wenn meine liebsten Menschen sterben? Wäre es nicht viel toller, unsterblich zu sein? Niemand auf der Welt hat eine sichere Antwort auf solche Fragen. Menschen vor Hunderten und Tausenden von Jahren haben sie sich ganz genauso gestellt wie wir heute. Allein oder mit anderen darüber nachzudenken, kann etwas Licht ins Dunkel bringen. Es kann manchmal traurig machen. Es kann aber auch interessant sein, ja, sogar Spaß machen!

Beim Schreiben und Illustrieren dieses Buches haben wir viel erlebt: Mit den verschiedensten Leuten haben wir über den Tod und das Leben davor gesprochen, waren auf Friedhöfen und in Beinhäusern, wir sind toten Menschen begegnet und haben über unser eigenes Lebensende nachgedacht.

Wir haben gekichert, manchmal geweint, und manchmal hat es uns vor Staunen die Sprache verschlagen. Je mehr wir erfahren haben, desto neugieriger wurden wir. Mit unserem Buch möchten wir vorsichtig die Tür in ein geheimes Zimmer öffnen. Die Welt dahinter ist besonders und aufregend. Für die vielen Leute, die hier im Buch über ihre unterschiedlichen Berufe erzählen, sind Tod und Sterben hingegen normal und alltäglich.

Es war spannend zu sehen, dass wir beide durch unsere jeweils ganz eigene persönliche Geschichte manchmal sehr ähnlich und dann wieder völlig unterschiedlich auf den Tod schauen. In unserem Buch begegnen, mischen und ergänzen sich jetzt diese zwei Blickwinkel in Text und Bild.

Zwischendurch haben wir immer wieder auch gemerkt, dass wir keine Lust mehr hatten, über das alles nachzudenken. Wir brauchten eine Pause. Am liebsten in der Natur oder im Zusammensein mit anderen.

Vielleicht denkst du auch irgendwann: Jetzt reicht es mir! Vielleicht ist gerade erst dein geliebtes Haustier oder ein naher Verwandter gestorben. Die Erinnerungen daran sind für dich im Moment zu schmerzhaft. Oder du bist gerade mitten im lebendigen Leben und möchtest dabei nicht weiter gestört werden. Dann klappst du das Buch einfach zu! Weiterlesen kannst du ja später immer noch. Am besten hast du dann auch noch einen tollen Menschen in der Nähe, mit dem du über deine Gedanken und Fragen sprechen kannst.

Dies ist nicht nur ein Buch über das Sterben und den Tod, es ist vor allem auch ein Buch über das Leben!

Katharina von der Gathen und Anke Kuhl

WENN DAS LEBEN AUFHÖRT

Anfang und Ende

Der Start ins Leben ist mindestens genauso sensationell wie sein Ende: Mit einem ersten Einatmen und einem ersten Schrei beginnt für jeden Menschen ein großes Abenteuer. Hebammen erzählen, dass man schon ganz am Anfang merken kann, wie unterschiedlich wir sind: Während das eine Baby die ganze Welt zusammenbrüllt, liegt das andere entspannt auf dem Bauch der Mutter und schaut sich erst einmal alles in Ruhe an.

Irgendwann, viel später, wird dieser kleine Mensch einmal seinen letzten Atemzug tun und zum allerletzten Mal in seinem Leben ausatmen. Auch dieser Moment wird sicher ganz einzigartig sein und mit nichts zu vergleichen.

In der Natur kommt es oft vor, dass eine Sache zwei Seiten hat. Sie scheinen gegensätzlich und gehören doch untrennbar zusammen: Es gibt keinen Tag ohne Nacht, keinen Sommer ohne Winter, kein Schlafen ohne Wachsein. Umgekehrt gilt das genauso.

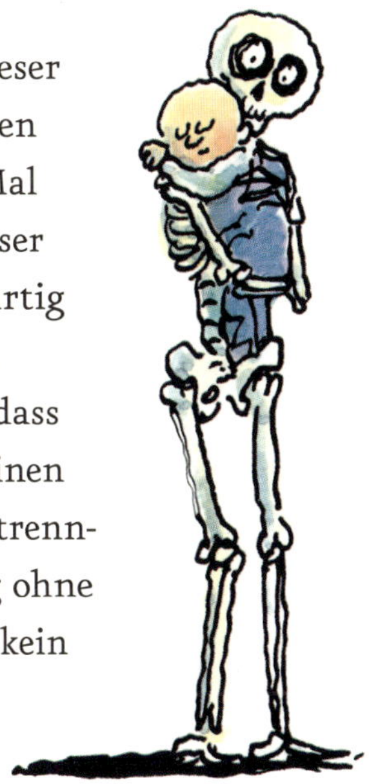

Auch Geborenwerden und Sterben gehören untrennbar zusammen. Vielleicht ist das Leben dazwischen genau deshalb so einzigartig und besonders, weil es den Tod als Begrenzung hat.

Mitten im Leben scheint das Ende weit weg. Die allermeisten Menschen denken kaum daran, dass sie eines Tages sterben werden. Wahrscheinlich würden sie sonst in ständiger Angst um sich selbst und ihre Liebsten leben. Wahrscheinlich würden sie sich oft nicht frei und lustig fühlen können.

Wenn man ganz genau hinschaut, kann man den Tod jeden Tag sehen. Er versteckt sich in unserer Sprache und in unserem Stadtviertel, er liegt auf dem Boden, oder er feiert mit uns. Oft bemerken wir ihn nur einen Wimpernschlag lang. Wie eine lästige Fliege, die man schnell wieder vom Kuchenteller verscheucht.

Auf der folgenden Doppelseite kannst du ihn entdecken.

Friedhof
Freibad
HAHAHA.. Ich lach mich tot!
Nur über meine Leiche!
Ich bin tödlich beleidigt!
3,50
PENG - Du bist tot!

Todsicher!
Sterbens-langweilig
Kannst du schweigen wie ein Grab?
Alles hat ein Ende nur die Wurst hat zwei

Könnte man sich die Erde von ganz weit weg anschauen, mit all ihren Menschen, Tieren und Pflanzen, mit ihren Meeren, Wüsten und Wäldern, mit ihren Wettern, mit Tagen und Nächten, in einem Zeitraffer über Millionen von Jahren! Dann würde man sehen, dass es ein einziges Sterben und Neuwerden ist.

Wenn niemand sterben und nichts vergehen würde, gäbe es wahrscheinlich die Menschen schon lange nicht mehr. Es wäre einfach irgendwann zu voll für alle geworden. Wer stirbt, macht Platz für Neues. So, wie in jedem Herbst an einem Baum die alten Blätter abfallen, um für das frische zarte Grün im Frühjahr Platz zu schaffen.

So lange leben Lebewesen – wenn sie nicht vorher sterben:

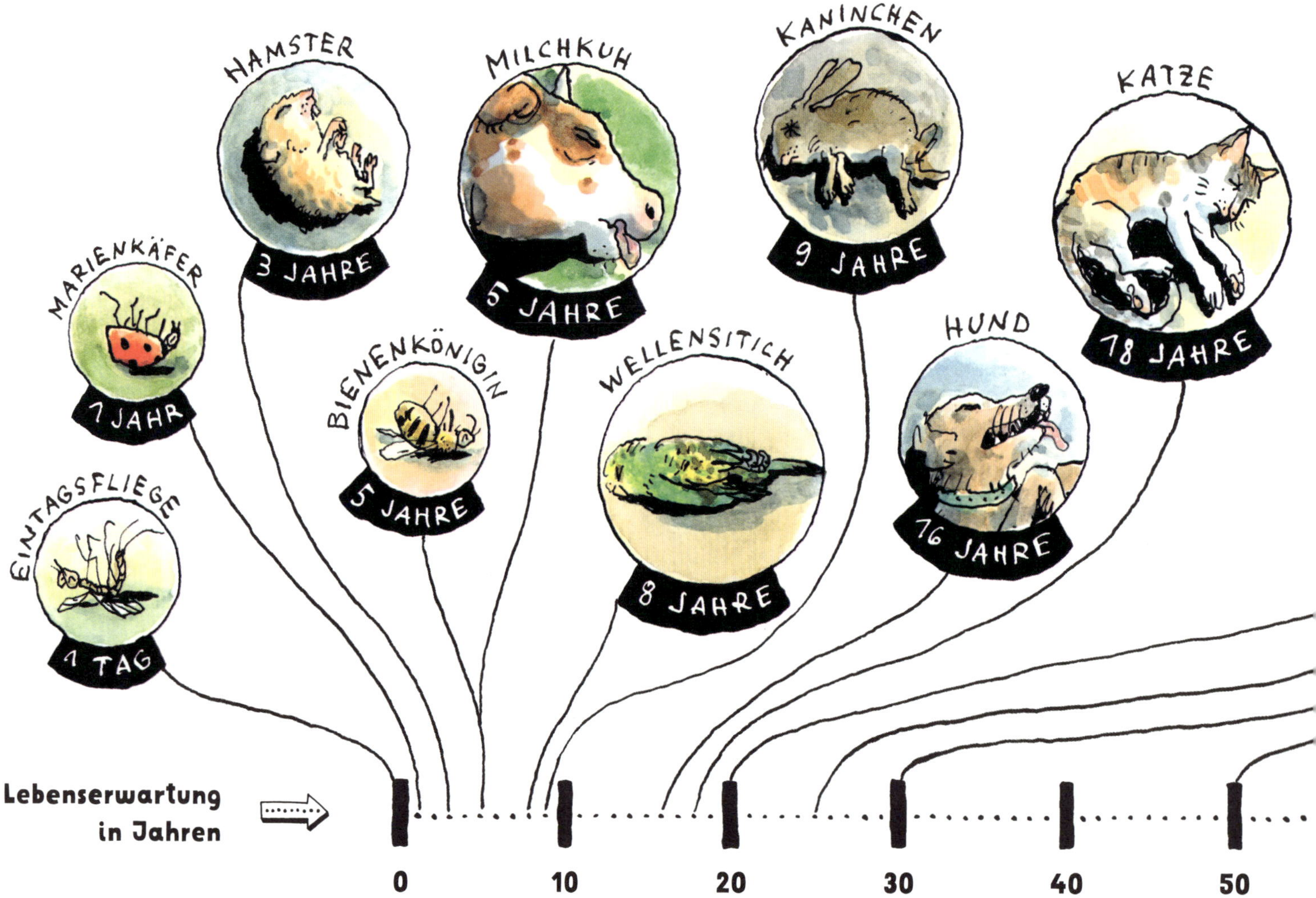

Das ist manchmal schwer und traurig. Es kann aber auch tröstlich sein. Denn man weiß: Es geht immer weiter. Die nachkommende Generation trägt einen Teil der vorherigen in sich. Es ist deshalb auch gut und richtig, dass Menschen sterben.

Jedes Leben ist unterschiedlich lang. Es kann neunzig Jahre dauern, neun Jahre, neun Tage oder auch nur neun Stunden. Für den einzelnen Menschen ist es trotzdem immer ein ganzes gelebtes Leben.

Woran Menschen sterben

Die allermeisten Menschen sterben heute bei uns, wenn sie etwa siebzig bis achtzig Jahre alt sind. Es ist dann oft gar nicht so eindeutig, warum genau die Organe und verschiedenen Systeme in ihrem Körper nicht mehr gut zusammenarbeiten können. Sie haben das viele Jahre lang gut geschafft und können sich nun nicht mehr so kraftvoll gegen Krankheiten und Störungen wehren. Häufige Todesursachen sind dann Herzkrankheiten oder Krebs. Selbst bei Unfällen, die in jedem Alter passieren können, sterben mehr alte als junge Leute.

Menschen können aber zu jeder Lebenszeit an Krankheiten oder durch Unglücke sterben, auch schon, bevor sie alt werden. Manches kommt häufiger vor, anderes ist eher selten. Ganz oft gibt es auch gute Behandlungsmöglichkeiten und wirksame Medikamente, so dass alles gut ausgeht.

Bei einem **Herzinfarkt** wird das Herz plötzlich nicht mehr ausreichend mit Blut versorgt und kann nicht mehr mit voller Kraft pumpen. Der Grund dafür sind verstopfte Blutadern.

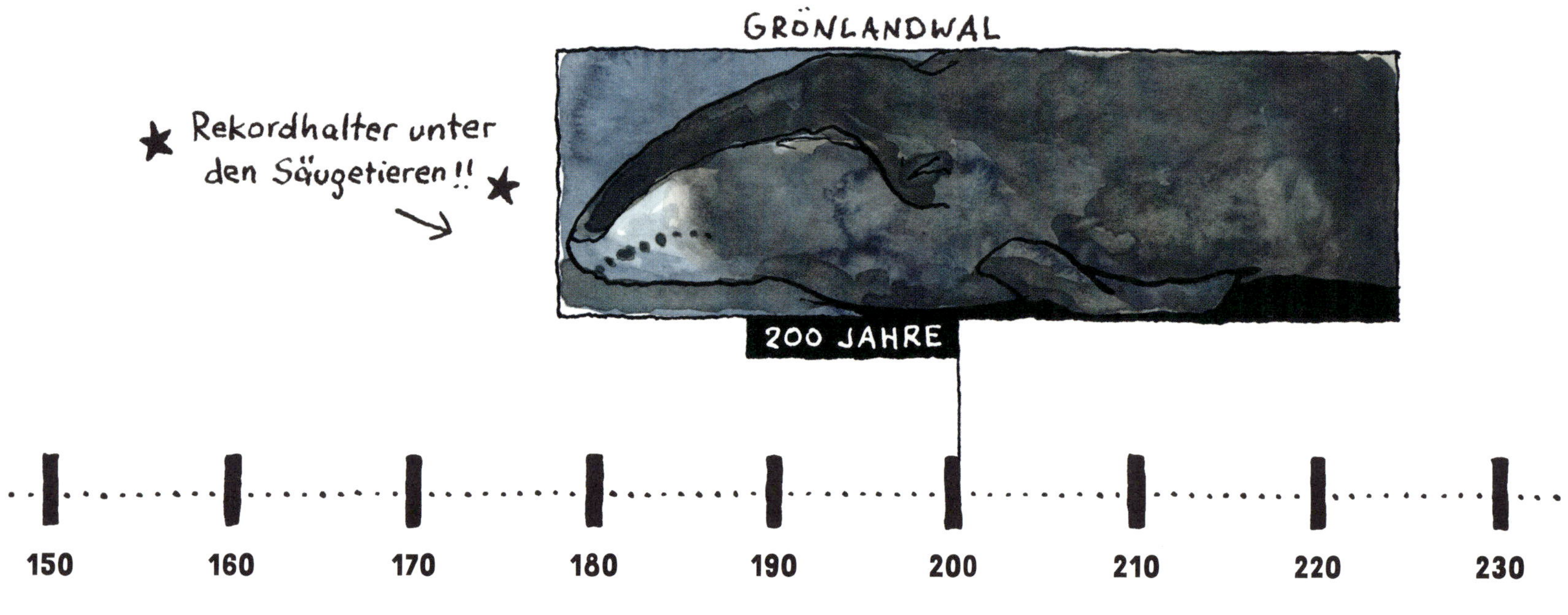

Wenn jemand einen Herzinfarkt hat, hat er oder sie plötzlich starke Schmerzen und ein schlimmes Engegefühl im Brustkorb.

Ein **Schlaganfall** hat dieselbe Ursache wie ein Herzinfarkt. Hier wird das Gehirn nicht mehr ausreichend durchblutet. Wenn einzelne Bereiche plötzlich ohne Versorgung auskommen müssen, werden sie geschädigt. Wer einen Schlaganfall hat, merkt das zum Beispiel daran, dass er oder sie auf einmal schlimmste Kopfschmerzen hat, nicht mehr richtig sprechen oder manche Körperteile nicht mehr bewegen kann.

Krebs ist eine Krankheit, die überall im Körper entstehen kann. Haut, Knochen, Blut, Muskeln, Organe und Nerven – alles im Körper besteht aus unendlich vielen kleinen Bausteinen, den Zellen. Krebszellen sind „falsche" Zellen, die sich einfach immer weiter ausbreiten und den eigentlichen Zellen Platz und Nahrung wegnehmen. Manchmal kommt der Körper nicht mehr dagegen an.

Wenn jemand bei einem **Brand** stirbt, spürt er oder sie das schmerzhafte Verbrennen höchstwahrscheinlich gar nicht. Meist wird der Mensch vorher bewusstlos und erstickt, weil das Feuer den Sauerstoff in der Luft verbraucht. Auch große Brandwunden können tödlich sein.

Die meisten Menschen, die **ertrinken**, bekommen zuerst einen Kälteschock. Dadurch können sie nicht mehr richtig atmen. Sie verlieren ihre Kraft, bekommen Panik, und die Lunge füllt sich mit Wasser. Der Körper kann nicht mehr mit Sauerstoff versorgt werden. Nach kurzer Zeit werden sie ohnmächtig und sterben. Häufig passiert das in unbewachten

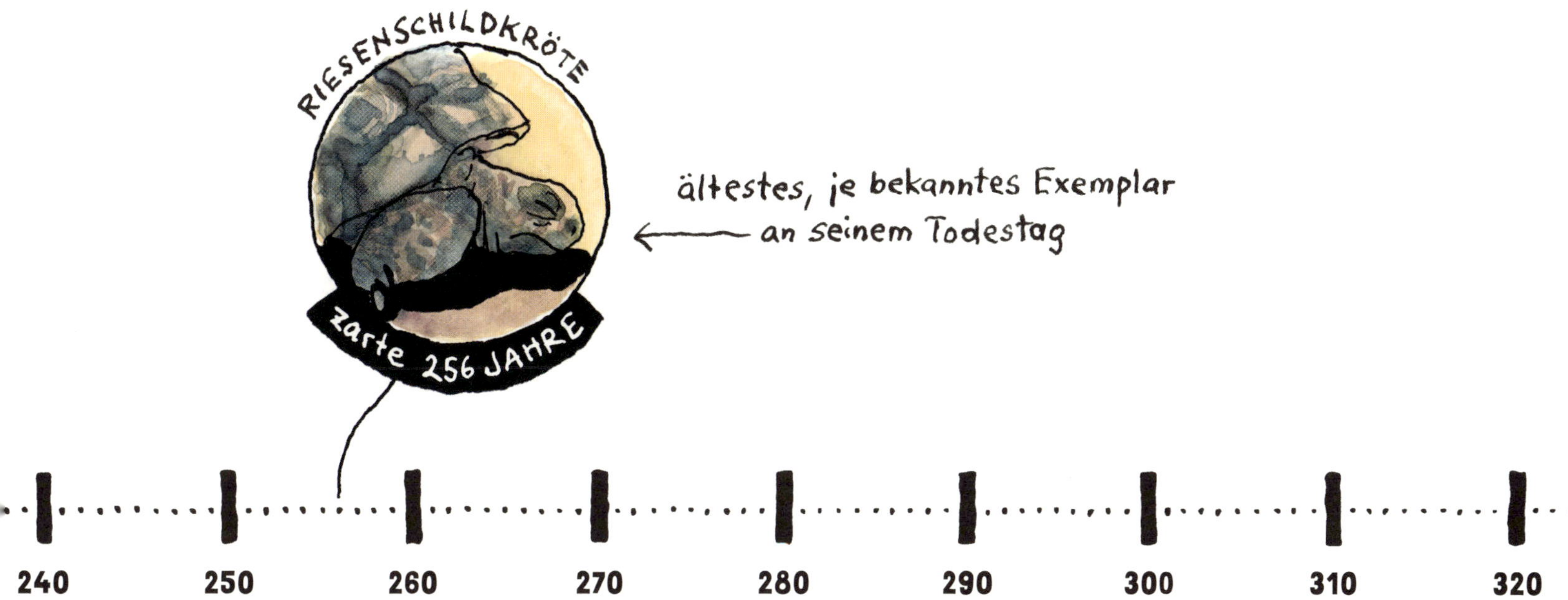

Seen oder Flüssen. Und in den meisten Fällen sind es nicht Kinder, sondern Erwachsene, die ihre Kräfte falsch einschätzen.

Auch beim **Ersticken** fehlt dem Körper plötzlich der lebensnotwendige Sauerstoff. Ein Mensch, der erstickt – zum Beispiel, weil etwas Größeres in der Luftröhre feststeckt –, kann plötzlich nicht mehr atmen. Seine Haut wird bläulich, er ringt nach Luft, wird bewusstlos und stirbt schließlich.

Wenn man selbst die Luft anhält, kann man übrigens nicht ersticken. Die Atmung setzt automatisch wieder ein, sobald der Körper den Sauerstoff dringend braucht.

Verbluten: Wenn eine Hauptschlagader verletzt wird, verliert ein Mensch in kürzester Zeit auf einmal viel Blut. Er stirbt innerhalb weniger Sekunden. Das kann zum Beispiel bei einem Unfall passieren, durch Messerstiche oder wenn jemand erschossen wird.

Bei anderen schlimmen Verletzungen fließt das Blut nach und nach aus dem Körper, bei inneren Verletzungen in den Körper hinein. Das Sterben kann in diesem Fall mehrere Stunden dauern. Der Mensch wird schwächer und schwächer, friert und bekommt Durst, und irgendwann verliert er das Bewusstsein.

Auch **Stromschläge** können tödlich sein. Wenn die Stromstärke sehr hoch ist, entstehen Verbrennungen, und sämtliche Muskeln im Körper ziehen sich zusammen. Wenn der Strom durch den Brustkorb fließt, ist es besonders gefährlich: Das Atmen funktioniert nicht mehr, das Herz schlägt nur noch unkontrolliert oder hört ganz auf zu schlagen. Je länger der Strom durch den Körper fließt und je stärker er ist, desto schneller tritt der Tod ein.

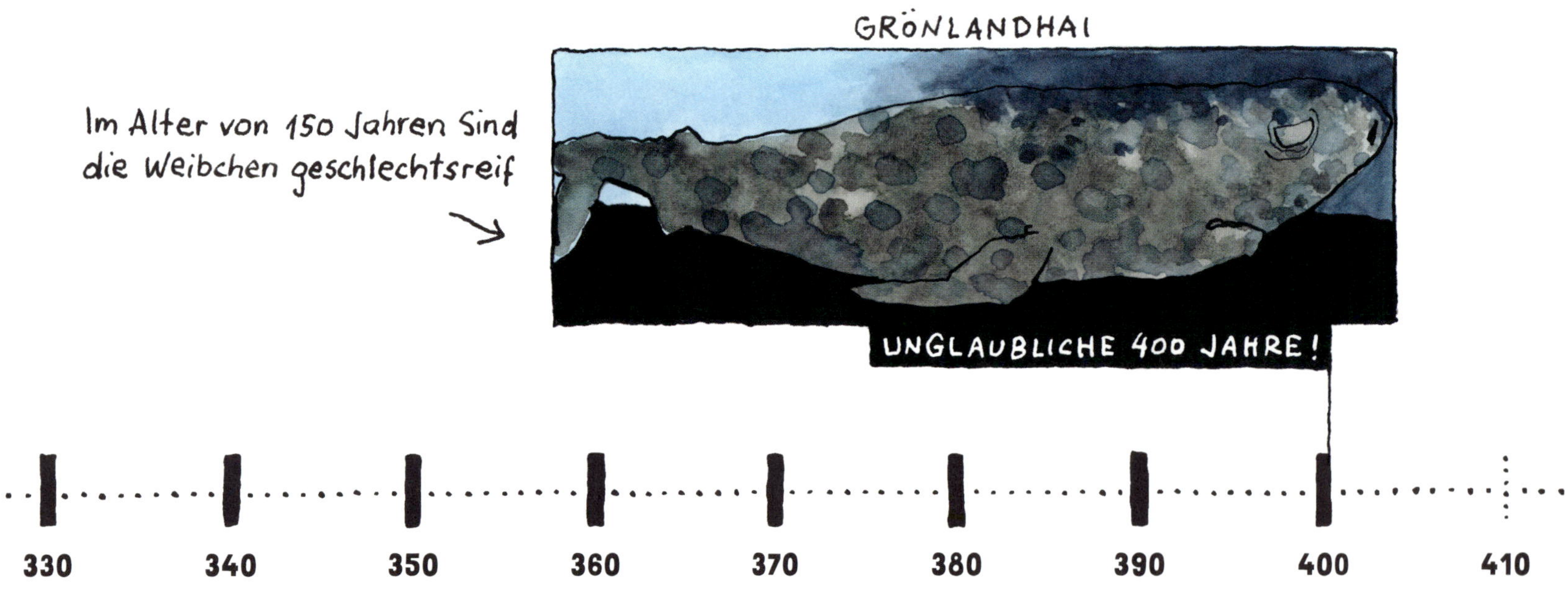

Erfrieren kann ziemlich lange dauern, je nachdem, wie kalt es ist. Um die lebenswichtigen Organe im Körperinneren weiter zu versorgen, bekommen zuerst Finger und Zehen kein warmes Blut mehr. Sie werden dunkel und sterben ab. Das tut sehr weh. Nach und nach wird das Gehirn nicht mehr versorgt, so dass der Sterbende verwirrt ist und nicht mehr richtig sprechen kann. Kurz vor dem Tod fühlt die Person dann plötzlich eine unerträgliche Hitze. So mancher reißt sich alle Kleider vom Leib, obwohl er gerade an Kälte stirbt.

Selbsttötung: Manchmal töten Menschen sich selbst. Sie können nicht mehr sehen, was gut ist in ihrem Leben und wollen deshalb lieber sterben. Oft ist eine schwere seelische Krankheit der Grund für solche Gedanken. Fachleute, Ärztinnen und Ärzte können in so einer verzweifelten Situation eine gute Hilfe sein.

Wenn sich jemand selbst getötet hat, fühlen sich Familie und Freunde besonders hilflos. Sie hätten diesem Menschen so gerne geholfen! Am besten ist es, wenn sie immer wieder über das schlimme Ereignis und ihre Gefühle sprechen dürfen. Dann können sie vielleicht mit der Zeit auch verstehen, dass der gestorbene Mensch sie trotz allem sehr geliebt hat.

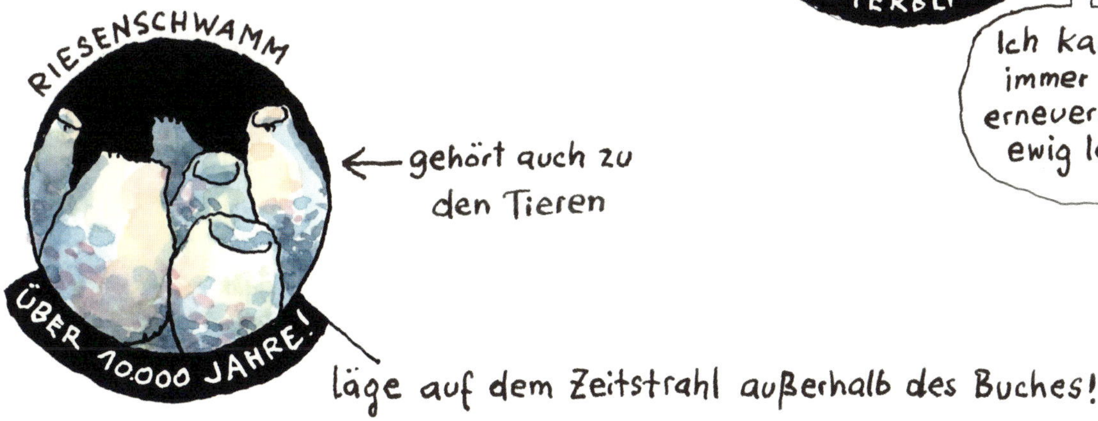

420 430 440 450 460 470 480 490 500

Ganz selten können auch Babys sterben, die gerade erst ihr Leben begonnen haben. Bei einem **Plötzlichen Kindstod** hört das Herz auf einmal auf zu schlagen, manchmal einfach nachts im Schlaf. Niemand weiß genau, warum das so ist.

Es gibt auch Babys, die schon im Bauch ihrer Mutter sterben oder kurz nach der Geburt. Sie konnten ihr Leben noch gar nicht richtig beginnen. Trotzdem waren sie schon da. Solche Babys nennt man auch **Sternenkinder**.

Es gibt unzählige Gründe, warum Menschen sterben: ansteckende Krankheiten, Altersschwäche, Verkehrsunfälle, Pilzvergiftungen, Stürze von der Leiter, vererbte Krankheiten, Lawinen, Erdrutsche, Insektenstiche, fallende Kokosnüsse, Flugzeugabstürze, Überschwemmungen, nicht genug ärztliche Versorgung, Meteoriten, plötzlich auftretende Krankheiten, Schlangenbisse, Blitzeinschläge, Reitunfälle, Abstürze beim Selfiemachen, Haiangriffe und viele mehr.

Das Leben ist lebensgefährlich.

's ist genug.
HUST

Kuriose Tode

Manche Tode sind so unglücklich, dass man sie eher in einem verrückten Film als im echten Leben vermutet.

Es ist überliefert, dass der Dichter Aischylos aus dem antiken Griechenland von einer herabfallenden Schildkröte erschlagen wurde. Ein hungriger Adler hatte die Schildkröte aus der Luft fallen lassen.

Bela der Erste war einst König von Ungarn. Er starb, weil sein hölzerner Thron unter ihm zusammenbrach und er sich dabei schwer verletzte.

Im Jahre 1518 sollen sich in Straßburg mehrere hundert Leute so lange und unkontrolliert in Verzückung getanzt haben, bis sie vor Erschöpfung zusammenbrachen und einige davon starben.

Eine Legende besagt, dass der Schriftsteller Pietro Aretino während eines Lachanfalls von seinem Stuhl fiel und sich dabei das Genick brach. Der Witz, der ihm erzählt wurde, muss ziemlich gut gewesen sein.

Normalerweise trug der Braunauer Stadthauptmann Hans Staininger seinen zwei Meter langen Bart aufgerollt in seiner Tasche bei sich. Eines Tages stolperte er aber so unglücklich über das Prachtstück, dass er daraufhin an schweren Verletzungen starb. Noch heute kann man den Bart in einem Museum in Österreich bewundern.

Molière war Schauspieler und Theaterdirektor. Bei der Aufführung seines Theaterstücks „Der eingebildete Kranke“ sackte er auf der Bühne zusammen. Die Zuschauer glaubten, dass sein Zusammenbruch zum Stück gehörte und bemerkten nicht, dass Molière wirklich um sein Leben rang und später auch starb.

Die letzte Mahlzeit des schwedischen Königs Adolf Friedrich im Jahre 1771 bestand aus Hummer, Kaviar, Sauerkraut, geräucherten Heringen und Champagner. Zum Nachtisch aß er 14 Portionen Hefetörtchen in Milch. Adolf Friedrich hatte schlimme Verdauungsprobleme und starb an einem Schlaganfall. Man könnte auch sagen: Er hat sich zu Tode gefressen.

Die 18-jährige Erzherzogin Mathilde von Österreich rauchte gerne heimlich. Als sie eines Tages die Schritte ihres strengen Vaters näher kommen hörte, versteckte sie die glimmende Zigarette hinter ihrem Rücken. Ihr Kleid fing Feuer und stand in kürzester Zeit in Flammen. Mathilde starb an ihren schlimmen Verbrennungen.

Clement Vallandigham war vor 150 Jahren ein amerikanischer Anwalt. Während eines Mordprozesses wollte er zeigen, dass das Opfer sich selbst erschossen hat und der Angeklagte deshalb nicht Täter sein könnte. Vallandigham spielte zum Beweis den Richtern die Tat mit einer echten Waffe vor – und erschoss sich dabei aus Versehen selbst.

Franz Reichelt war Schneider und träumte vom Fliegen – wie so viele Menschen am Anfang des 20. Jahrhunderts. Am 4. Februar 1912 sprang er mit einem selbst genähten Fallschirm vor den Augen vieler Reporter vom Pariser Eiffelturm. Leider öffnete dieser sich nicht, Franz sprang vor laufenden Kameras in den Tod.

Der Abenteurer Bobby Leach stürzte sich 1911 in einer selbst gebauten Stahl-Kapsel die gefährlichen Niagara-Wasserfälle hinunter. Er überlebte. Wenige Jahre später rutschte er jedoch auf einer Orangenschale aus und starb an den Folgen dieses Sturzes.

Der italienische Fußballnationalspieler Luciano Re Ciccione war als Spaßvogel bekannt. Er wurde von einem Schmuckhändler erschossen, als er dessen Laden betrat und aus Übermut rief: „Keine Bewegung, dies ist ein Überfall!"

Gary Hoy arbeitete in einem Hochhaus im 24. Stock. Er war sehr stolz auf sein Büro mit den riesigen Glasscheiben. Besuchern zeigte er gern die Sicherheit der Fenster, indem er sich mit vollster Wucht dagegenwarf. Nur einmal funktionierte das nicht – da brach unglücklicherweise der Befestigungs-Rahmen heraus: Gary stürzte vor seinen erschrockenen Gästen durch das Fenster in den Tod.

2021: Bei dem Versuch, sein verlorenes Handy wieder zu holen, krabbelte ein Mann ohne zu zögern in eine riesige Dinosaurierfigur, die auf einem Platz in Spanien aufgestellt war. Er blieb dabei kopfüber in dem Bein der großen Figur stecken. Leider bemerkte niemand das Unglück. Erst nach einigen Tagen wurde der Mann entdeckt.

TIERISCHES TÄUSCHUNGSMANÖVER

Manche Tiere können den Tod meisterhaft vortäuschen. Wenn lebensgefährliche Feinde in der Nähe sind, fällt das Opossum auf der Stelle um und stellt sich tot. Es liegt plötzlich starr auf der Seite, hält die Augen geschlossen und lässt die Zunge schlapp aus dem Maul hängen. Außerdem verströmt der Körper einen speziellen Duft, der nach totem Tier riecht. So trickst das Opossum seine Feinde aus und rettet mit dem geschauspielerten Tod vielleicht sein Leben.

Tobi erzählt

Tobi ist Krankenpfleger und arbeitet als Leiter in einem Altenheim. Ein Altenheim ist ein Haus, in dem alte Menschen leben und versorgt werden. Manche von ihnen haben dort eine Wohnung gemietet; sie brauchen Tobi und sein Team nur selten. Andere können sich nicht mehr gut allein versorgen, sie benötigen Hilfe beim Anziehen und Essen. Wieder andere sind so schwach, dass sie nicht mehr aufstehen können und deshalb in ihrem Bett gepflegt werden. In einem Altenheim gehört Sterben zum Leben dazu.

Wie viele Menschen sterben bei euch, Tobi?

So fünfzig bis sechzig im Jahr. Also im Durchschnitt wäre das dann jede Woche ungefähr einer.

Das ist eine ganze Menge. Kann man sagen, in welcher Jahreszeit am meisten Leute sterben?

Es gibt Leute, die sagen: „Natürlich wird im Oktober viel gestorben!" Ich sage: „Nie im Leben ist das so!" Nein, nein, da sage ich lieber nichts. Gestorben wird immer.

Was ist das Besondere an deinem Beruf?

Wir haben immer mit Menschen zu tun. Das ist interessant und manchmal auch schwierig. In einem Altenheim werden keine Möbelstücke gebaut, die man zur Not auch mal für einen Tag in die Ecke stellen kann, wenn man eine Pause braucht. Wir haben keine Ferien, in denen alle nach Hause gehen. Seit dreißig Jahren wird bei uns rund um die Uhr gepflegt.

Merkst du, wenn jemand bald sterben wird?

Das ist unterschiedlich. Bei manchen kommt es sehr plötzlich, über Nacht oder am Tag. Dann merkt man es gar nicht vorher. Andere werden noch ins Krankenhaus gebracht, weil es ihnen schlechter geht. Sie sind dann nicht bei uns und versterben dort. Und dann gibt es tatsächlich welche, bei denen man denkt: Oh, jetzt ist etwas anders. Er wird wahrscheinlich bald sterben. Das kann man vorher erkennen. So, wie Eltern vielleicht im Freibad denken: Das Kind müsste jetzt aber mal aus dem Wasser raus. Menschen, die sterben, werden schwächer und haben keine Lebenskraft, sie bewegen sich nicht mehr so wie vorher, sie haben keinen Hunger und keinen Durst mehr. Das merken die Pflegenden, die Ärztinnen und Ärzte und auch die Angehörigen.

Was macht ihr dann?

Die erste wichtige Frage ist: Können und sollen wir noch etwas tun? Muss die Person noch ins Krankenhaus?
Wenn sie bei uns bleiben soll, wird überlegt, welche Medikamente jetzt noch gegeben werden. Wichtig ist für die Person, möglichst wenig Schmerzen zu haben. Und wir bieten den Angehörigen an, dass sie rund um die Uhr kommen können.

Sprecht ihr mit den Bewohnern in eurem Altenheim viel über den Tod und das Sterben?

Nee, eigentlich nicht. Ich wüsste auch nicht, wie das bei denen ankommen würde, ob die das wollen. Viele würden wohl sagen: „Nö lass mal, da will ich jetzt nicht drüber nachdenken.“ Weil es ihnen noch gut geht. Vielleicht würden dann auch die Angehörigen kommen: „Was macht ihr denn da? Meiner Mutter soll es hier gut gehen. Die soll gute Laune haben und nicht auf traurige Ideen kommen!“

Denkst du auch manchmal über deinen eigenen Tod oder deine eigene Beerdigung nach?

Vor dem Totsein habe ich keine Angst. Ich finde, es muss ja nicht jetzt in jungen Jahren sein, dass ich sterbe. Irgendwann wird es mich betreffen, aber da mache ich mir jetzt keinen Kopf drum.
Sehr schön war die Beerdigung meiner Tante. Die ist vor einem Jahr gestorben und die haben wir in einem Friedwald beerdigt, an einem schönen sonnigen Tag. Es gab eine kurze Ansprache, ein, zwei Gedichte und Lieder, und dann noch ein bisschen Musik, und ich dachte: Guck mal, wie schön ist das hier im Wald. Wieso machst du es denn nicht hier? Das könnte ich mir auch schön für mich vorstellen.
– So, jetzt aber Schluss mit Tod!

Da lachst du dich kaputt!

Eine Lehrerin fragt Karlchen:
„Wie möchtest du einmal am liebsten sterben?“
Karlchen überlegt und antwortet:
„So wie mein Opa.“
Lehrerin neugierig:
„Wie ist dein Opa denn gestorben?“
Karlchen: *„Er ist eingeschlafen.“*
Darauf die Lehrerin: *„Ja, das ist ein schöner Tod. Und wie möchtest du am liebsten nicht sterben?“*
Karlchen darauf: *„Na, so wie die zwei, die mit meinem Opa mitgefahren sind.“*

Ein Vater liegt im Sterben. Seine Kinder stehen um sein Bett herum. Aus der Küche duftet es nach Kuchen. Der Vater sagt zu seinem Sohn:
„Hol mir doch bitte ein Stück Kuchen, bevor ich sterbe!“
Der Sohn geht in die Küche und kommt gleich wieder zurück:
„Mama hat gesagt, wir dürfen den Kuchen jetzt noch nicht essen. Der ist für deine Beerdigung!“

Gerade vier Wochen ist das junge Paar verheiratet, da ruft Susi ihre Mutter an und schluchzt: *„Mama, wir hatten unseren ersten großen Streit.“*
„Das ist nicht schlimm, das kommt in jeder Partnerschaft einmal vor.“
„Ja, aber jetzt weiß ich nicht, wohin mit der Leiche.“

Sagt die Ärztin zum Patienten: *„Ich habe eine gute und eine schlechte Nachricht für Sie. Die gute Nachricht ist: Sie haben zwar eine seltene tödliche Krankheit. Aber man kann sie innerhalb der ersten 24 Stunden mit der richtigen Behandlung überleben.“*
„Okay. Was ist denn die schlechte Nachricht?!“
„Ich habe gestern den ganzen Tag versucht, Sie zu erreichen.“

Was ist grün und liegt im Sarg?
Eine Sterbse.

Harry liegt im Sterben. Seine Frau sitzt auf der Bettkante. Er schaut hoch und sagt ganz schwach:
„Ich muss dir etwas beichten."
„Das muss nicht sein.", sagt seine Frau.
„Doch, ich bestehe darauf!", haucht Harry. *„Ich möchte meinen Frieden machen, bevor ich sterbe. Ich habe dich in unseren gemeinsamen Jahren so oft betrogen und angelogen."*
„Aber das weiß ich doch längst", sagt sie sanft. *„Bleib jetzt mal ruhig liegen, damit das Gift auch wirken kann."*

Treffen sich zwei Jäger.
Beide tot.

„Herr Doktor, ist die Krankheit, die ich habe, sehr selten?"
„Nein, kein bisschen. Die Friedhöfe sind voll davon!"

„Ich weiß nicht viel über den Tod, aber er kommt meistens unerwar…"

„Wo ist denn Ihr Mann?"
„Im Garten!"
„Da komme ich gerade her, da war er nicht."
„Da müssen Sie schon etwas tiefer graben."

Ein Paar sitzt auf der Bank. Sagt die eine zur anderen:
„Wenn eine von uns beiden stirbt, mach ich endlich eine Weltreise."

Der Religionslehrer: *„Stellt euch mal vor, bei jedem Atemzug stirbt ein Mensch auf der Welt."*
Klein-Ida: *„Dann probieren Sie es doch einmal mit Mundwasser!"*

WIE GEHT STERBEN?

Sterben

ANGST VOR DEM STERBEN

Kein Mensch auf der Welt kann es so richtig begreifen. Und doch stellen sich manche immer wieder vor, wie es wohl ist, tot zu sein: Von einem auf den anderen Moment nicht mehr da – einfach weg! Solche Gedanken können ziemlich erschrecken und auch Angst machen. Es hilft, wenn man sich in solchen Momenten umschauen und sicher sein kann, dass man selbst und alle, die man liebt, noch ziemlich lebendig sind.

Viele Menschen sagen, dass sie vor dem Totsein selbst keine Angst haben. Sie machen sich eher Gedanken um die Zeit davor: Wie wird das Sterben? Vor allem möchten sie keine schlimmen Schmerzen haben. Sie haben Sorge, dass sie sich lange quälen müssen oder dass sie nicht richtig sterben können. In der Schule lernt man ja nicht, wie man am besten stirbt. Niemand zeigt es einem. Bei jedem ist es anders und besonders.

Zum Glück gibt es Leute, die sich mit der Begleitung von Sterbenden auskennen und die in den Tagen und Wochen des Sterbens helfen können. Pflegerinnen und Pfleger wissen, wie die verbleibende Lebenszeit möglichst gut gestaltet werden kann: Welche Nahrung ein sterbender Mensch gut verträgt, was das Atmen leichter macht oder was gegen Durstgefühl hilft. Ärztinnen und Ärzte können Medikamente gegen Schmerzen verschreiben.

Es ist völlig normal, dass Menschen vor Situationen, die sie nicht kennen, Angst haben.

Es hilft aber, über die Ängste zu reden.

STERBEN WOLLEN – STERBEN KÖNNEN

Es gibt Menschen, die sich am Ende ihres Lebens wirklich darauf freuen, zu sterben. Sie fühlen, dass sie genug gelebt haben. Meist sind das alte Menschen.

Manche können dankbar und klar auf die vielen Jahre ihrer Kindheit, Jugend und Erwachsenenzeit zurückschauen. Sie wissen, dass es nun gut ist, sich vom Leben und ihren wichtigen Menschen zu verabschieden.

Manchmal sind auch Menschen bereit zu sterben, die schon sehr lange schwer krank sind. Sie leben jeden Tag trotz starker Medikamente mit schlimmen Schmerzen und wissen, dass es nicht besser werden wird.

Genauso gibt es aber auch alte oder sehr kranke Menschen, die nicht sterben wollen. Sie empfinden es als ungerecht, dass sie bald tot sind, während andere weiter leben dürfen. Manche haben vielleicht auch das Gefühl, irgendwie noch nicht fertig zu sein mit ihrem Leben und noch nicht genug erlebt oder alles gesagt zu haben. Manchmal ist ein alter Streit noch nicht beigelegt, manchmal gibt es auch ein altes Erlebnis, über das sie noch nie mit jemandem gesprochen haben. Es kann Menschen am Ende ihres Lebens helfen, über solche Gefühle zu sprechen. Vielleicht sind sie dann irgendwann für ihr Sterben bereit.

WIE ES SEIN KANN

In früheren Zeiten war es ganz normal, dass alte Menschen zu Hause starben. Oft lebten mehrere Generationen zusammen unter einem Dach: von der Urgroßmutter bis zum Enkelkind. Deshalb kannten sie sich gut mit dem Sterben aus. Sie wussten, was man tun kann, um den Sterbenden zu helfen. Sie wussten auch, wie ein toter Mensch aussieht, wie man ihn wäscht und zurechtmacht. Auch Kinder haben ganz selbstverständlich miterlebt, wenn zum Beispiel ihre Großeltern starben. Nachbarinnen und Freunde haben sich erzählt, wie es bei ihnen war, und sie haben sich manchmal gegenseitig geholfen. Heute ist das oft anders. Die meisten alten Menschen sterben

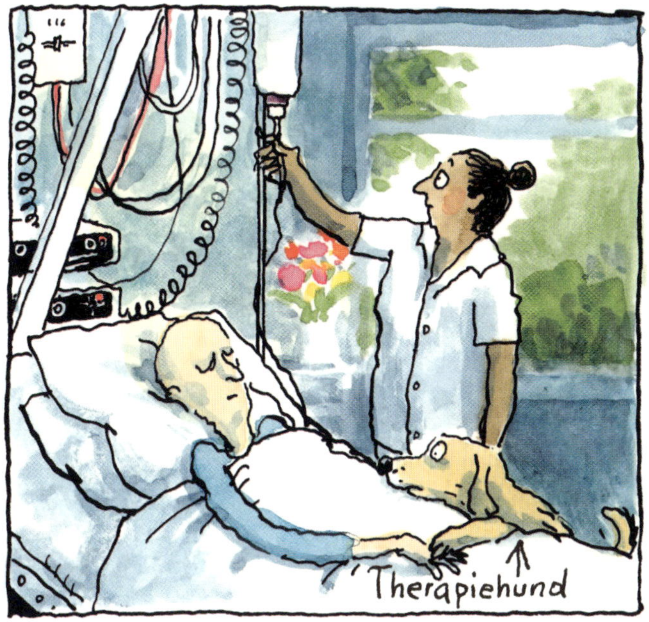

nicht zu Hause, sondern im Krankenhaus oder einem Altenheim. Dort können sie vor ihrem Tod gut begleitet, versorgt und medizinisch betreut werden.

Wie Sterben wirklich ist und was man dabei fühlt, kann niemand sagen. Diese Frage könnten eigentlich nur Menschen beantworten, die es selbst erlebt haben. Nach dem Sterben ist man aber tot und kann nichts mehr erzählen. Außerdem ist jedes Sterben anders. Genauso, wie jeder Mensch auch vorher ein besonderes und ganz eigenes Leben gelebt hat.

Es gibt viele Leute, die wissen, wie es ist, einen sterbenden Menschen zu begleiten. Das sind zum Beispiel Familienangehörige und Freunde, Kranken- und Altenpfleger, Ärztinnen oder Menschen, die Schwerkranke in besonderen Häusern (Hospizen) begleiten. Wenn man sie fragt, erzählen sie von ganz unterschiedlichen Erlebnissen mit Sterbenden.

Wann Sterben wirklich beginnt, ist nicht ganz klar. Der Körper, der ein ganzes Leben lang funktioniert hat, stellt irgendwann nach und nach seine Funktionen ein. Das kann in vielen Jahren langsam stattfinden oder auch innerhalb weniger Tage oder sogar in noch kürzerer Zeit.

Wenn ein alter Mensch stirbt, kann es zum Beispiel sein, dass er längere Zeit nicht mehr aufstehen und sich nicht mehr allein anziehen kann. Vielleicht kann

er oder sie das Pipi nicht mehr halten und braucht eine Windel, oder es muss immer jemand da sein, um beim Essen zu helfen.

Menschen, die sterben, werden immer schwächer. Vieles ist anstrengend für sie: Das Atmen fällt schwer, sie haben kaum Appetit und wenig Durst, sie können nicht mehr so lange und viel sprechen und sie brauchen viel Ruhe. Sterbenden fehlt irgendwann die Kraft zu leben. Manche bekommen starke Medikamente, damit sie keine schlimmen Schmerzen haben.

Ganz am Ende sind die meisten Sterbenden ruhig. Der Atem wird immer schwächer und weniger. Oft hört man ein Brodeln im Hals, weil sich dort Schleim gesammelt hat, der nicht mehr abgehustet werden kann. Die Pausen zwischen den Atemzügen können unendlich lang sein. Erst, wenn nach einer ganzen Weile nichts mehr zu hören ist, weiß man, dass das der letzte Atemzug dieses Menschen war.

Es ist nur ein kurzer Augenblick zwischen Leben und Tod. Vielleicht so lang, wie ein Sekundenzeiger braucht, um auf die nächste Position zu rücken. Man kann sofort merken, dass jetzt kein Leben mehr im Körper ist. Bei einem toten Menschen steht das Herz still und es pumpt kein Blut mehr durch die Blutbahnen. Tote sehen deshalb gleich blasser aus. Die Lippen sind nicht mehr rosa und die Fingernägel sind seltsam weiß. Die Augen sind nicht mehr klar. Die ganze Haut scheint auf einmal wie aus weißem Wachs. Auch alle Muskeln werden schlaff. Das Gesicht wirkt meist entspannt und friedlich. Manchmal stehen der Mund und auch die Augen etwas offen.

Manche sagen, dass man mit einem Mal merken kann, dass die Seele den Körper verlassen hat. Es bleibt nur noch eine Hülle zurück: der einzigartige Körper, mit dem dieser einzigartige Mensch lebendig war.

Dabei sein

Wer miterlebt, wie ein Mensch stirbt, erinnert sich wahrscheinlich sein Leben lang an diese Situation. Es ist ein ganz besonderer Moment.

Ich habe einmal eine alte Frau beim Sterben begleitet, die mich tief beeindruckt hat. Als sie schon sehr, sehr krank war, hat sie erfahren, dass ihre Tochter schwanger ist. Ich habe nur gedacht: Sie ist so krank, sie schafft das ganz sicher nicht mehr, bis das Kind auf die Welt kommt! Es waren noch sieben oder acht Monate. Aber diese Frau hat wirklich bis zu dem Tag, an dem ihr Enkelkind geboren wurde, gewartet. Erst als sie am Telefon gehört hat, dass es ihrer Tochter und dem Kind gut geht, ist sie sehr ruhig und friedlich gestorben.

Der letzte eindrückliche Tod, den ich erlebt habe, das war Else – eine ganz eigenwillige Frau. Sie lag in ihrem Bett und sprach mit mir über ihr Sterben: „Ich weiß, dass ich sterben muss. Ich fühle das. Ich möchte sterben.“ Dann schlief sie ein. Immer wieder wachte sie auf. Ihre Augen wurden groß, und dann fragte sie mich: „Bin ich denn noch nicht gestorben?“ Ich sagte dann: „Nein, Else, leg dich wieder hin. Es ist alles gut.“ Und dann legte sie sich wieder zurück in ihr Kissen und schlief wieder ein. Noch ein paar Mal wachte sie auf und fragte mit großen Augen: „Bin ich immer noch nicht gestorben?“ Ich sagte immer wieder: „Else, jetzt schlaf mal. Ich bin bei dir.“ Dann ist sie irgendwann ganz in Ruhe gestorben.

Ich kannte eine Familie, in der der Mann gestorben ist. Seine Frau und die beiden Töchter saßen rund um die Uhr an seinem Bett und waren immer bei ihm. Irgendwann war es in der Nacht so, dass sich die Mutter mit der einen Tochter für eine Tasse Tee in die Küche gesetzt hatte. Die andere Tochter war vor Müdigkeit an seinem Bett eingeschlafen. Genau diesen Moment hatte sich der Mann ausgesucht, um alleine zu sterben.

Als meine Mutter gestorben ist, hat sie gewartet, bis alle da waren: ihre Kinder, ihre Enkelkinder und ihre Geschwister, die von weit herkommen mussten. Wir standen und saßen schließlich alle um das Bett herum. Sie umarmte zum Abschied noch einmal jede und jeden von uns. Dann legte sie sich wieder hin und lag dort

mit verschlossenen Augen. Ihr Atem brodelte. Plötzlich wurde sie unruhig und wollte mit einer überraschenden Energie aus dem Bett aufstehen. Mein Vater nahm sie in die Arme und sagte: „Dein Körper ist zu schwach. Aber du kannst jetzt trotzdem gehen.“ Er hat ihr damit eigentlich gesagt, dass sie jetzt sterben darf. Das hat sie beruhigt und ihr geholfen. Wenige Minuten später atmete sie zum allerletzten Mal aus.

Sie lag so tot noch zwei Tage lang in ihrem Bett. Immer wieder kamen die Kinder und Enkelkinder, um bei ihr zu sein. Außerhalb des Schlafzimmers tobte das Leben: Es wurde gekocht, telefoniert, geweint, Kaffee getrunken und erzählt. Die zwei fünfjährigen Enkeltöchter beratschlagten sich in der Küche: „Sollen wir jetzt malen oder Zirkus spielen? Ach nee! Komm, wir schauen erst noch einmal Bärbel an!“ Und dann haben sie eben zuerst noch ihre tote Großmutter besucht. Es war irgendwie ganz normal und schön, dass wir alle zusammen waren. Obwohl es so traurig war.

Rund um den Sterbeprozess gibt es oft unglaubliche Situationen, die wir nicht erklären können. Meine Lieblingsgeschichte aus dem Hospiz ist die einer alten Frau, die große Angst vor dem Sterben hatte. Wie so viele Menschen war sie in den letzten Tagen ihres Lebens in einem ganz besonderen Zustand. Manchmal weiß man gar nicht genau, ob eine Person schon weit weg und fast tot ist, oder ob sie noch einmal zu Bewusstsein kommt. Diese Frau öffnete plötzlich noch einmal die Augen und sagte ganz ruhig und irgendwie beglückt: „Ich war schon drüben. Ich war schon an der Schwelle, und es ist wunderschön dort! Aber dann ist mir etwas Wichtiges eingefallen und ich bin noch einmal umgekehrt. Ich muss nämlich unbedingt noch eine Überweisung machen.“ Sie schickte ihrer Enkelin tatsächlich noch Geld und drei Stunden später ist sie dann in Ruhe gestorben.

Gestorben

Der tote Mensch ist immer noch derselbe, den man kannte, den man liebte und mit dem man zusammengelebt hat. Trotzdem ist er auch nicht mehr derselbe. Denn er ist jetzt tot. Nur noch der Körper liegt da. Am besten, man lässt sich viel Zeit, um das verstehen zu können. Und irgendwie bleibt es dennoch immer ein bisschen unbegreiflich.

Am Körper eines Menschen kann man an unterschiedlichen Zeichen erkennen, dass er wirklich tot ist. Das Herz schlägt nicht mehr, das Atmen hat aufgehört, er zeigt keine Reaktionen mehr. Nach und nach wird der Körper kalt. Eine Ärztin oder ein Arzt muss offiziell den Tod feststellen und dabei die sicheren Todeszeichen überprüfen.

Dies sind die Zeichen:

TOTENFLECKEN

Weil das Herz nicht mehr schlägt, pumpt es auch kein Blut mehr durch den Körper. Das rote Blut sackt durch die Schwerkraft einfach nach unten. Die Haut eines toten Menschen scheint deshalb farblos und blass. An der Unterseite des Körpers kann man dann schon in den ersten Stunden rote oder lilafarbene Totenflecken entdecken. Das ist das heruntergesackte Blut, das nicht mehr fließt. Für Ärztinnen oder Ärzte, die gerufen werden, um den Tod zu bescheinigen, sind sie ein sichtbares Zeichen. Wenn zum Beispiel ein Arm oder ein Bein aus dem Bett herunterhängt, bilden sich die Totenflecken an den Stellen, die am tiefsten sind.

An Stellen wie der Schulter oder dem Po, wo der Körper schwer aufliegt, bilden sich keine Flecken. Dort bleibt die Haut unverändert.

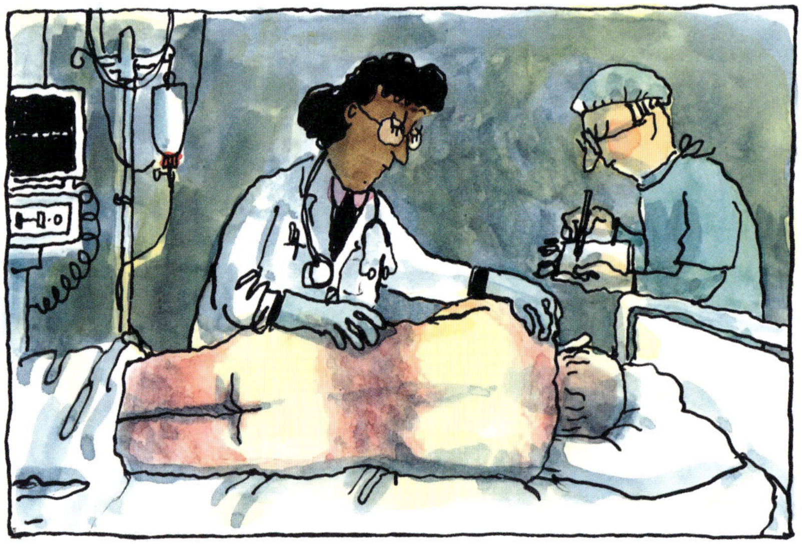

TOTENSTARRE

Wenn ein Mensch gestorben ist, sind zunächst alle Muskeln schlaff und entspannt. Deshalb sieht das Gesicht einer gerade verstorbenen Person auch sehr friedlich aus – als würde sie schlafen. Ein paar Stunden danach wird ihr Körper aber steif wie eine Puppe. Man kann ihn nicht mehr so einfach bewegen.

Die Muskeln werden nach dem Einsetzen des Todes nicht mehr mit Stoffen versorgt, die sie geschmeidig machen. Sie erstarren in der Position, in der sie sich gerade befinden. Deshalb ist es eine gute Idee, Augen und Mund eines Verstorbenen direkt nach dem Tod zu schließen, solange sie noch weich sind.

Bestatterinnen und Bestatter können mit behutsamer Massage und vorsichtigem Beugen die Totenstarre eines Körpers auch wieder lösen. So können sie zum Beispiel die Verstorbenen schön anziehen und die Hände so übereinanderlegen, wie es später sein soll.

Nach ungefähr zwei bis drei Tagen löst sich alles wieder und die Totenstarre verschwindet.

Totenversorgung

Schon immer und überall auf der Welt gibt es Traditionen, dass die Toten nach dem Sterben versorgt werden. Die Augen und der Mund werden vorsichtig verschlossen, sie werden gewaschen und gekämmt, frisch angezogen und schön ins Bett oder in einen Sarg gelegt. So können sich alle, die das möchten, gut von ihnen verabschieden.

Die Totenversorgung macht heute oft eine Bestatterin oder ein Bestatter. Leute, die diesen Beruf haben, kümmern sich um alles, was mit der Versorgung und Beerdigung der Toten zu tun hat.

Manchmal werden auch die Familie oder die Freunde (man sagt auch „Zugehörige" – also alle, die „dazu" gehören) gefragt, ob sie dabei helfen wollen. So können sie ihren geliebten Menschen noch einmal berühren, streicheln, eincremen oder kämmen. In den Räumen der Bestatter, auch in manchen Pflegeheimen und Krankenhäusern ist das möglich. Wenn jemand zu Hause stirbt, gibt es ausreichend Zeit. Wenn die Lebenden das möchten, kann der Körper noch ungefähr zwei Tage in seinem Bett liegen bleiben. Erst dann muss er abgeholt werden.

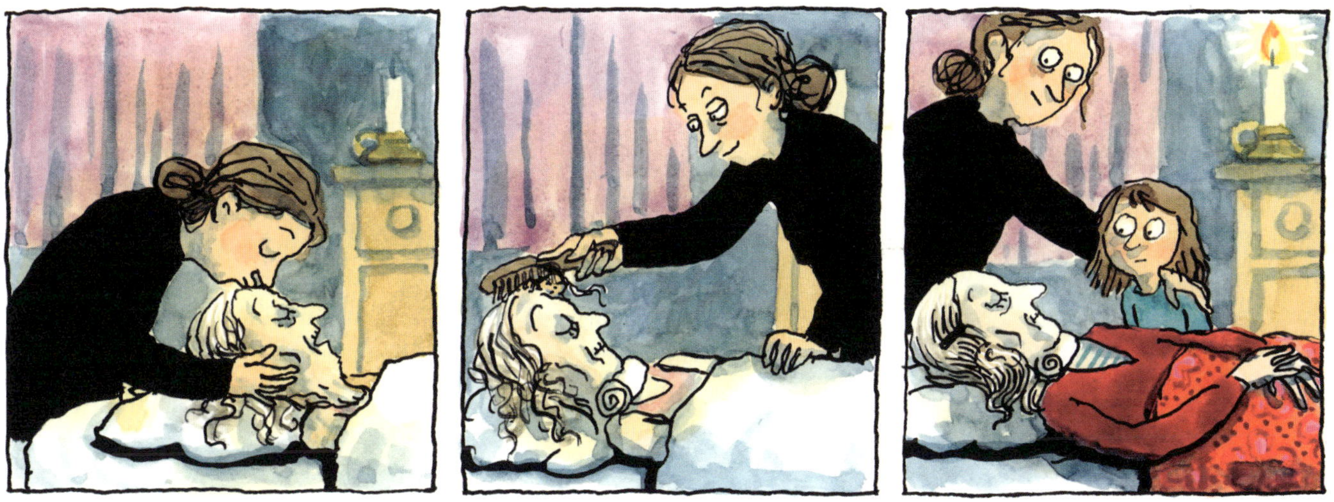

Diese Dinge kann man bei der ersten Versorgung eines toten Menschen gut gebrauchen:

- Schüssel mit Wasser und Waschlappen
- Duftendes Öl oder Seife für das Waschwasser
- Handtücher: zum Abtrocknen oder für Flüssigkeiten
- Kleines Handtuch: kann man rollen und unter das Kinn legen, damit der Mund geschlossen bleibt
- Oder ein dünner Schal: Um das Kinn am Kopf hochzubinden. (Eine andere Möglichkeit, damit der Mund nicht offen stehen bleibt) Achtung: nicht zu fest ziehen, sonst gibt es Abdrücke!
- Nagelschere: Die Zehen- und Fingernägel erscheinen bei Toten oft ziemlich lang, weil die Haut drumherum einschrumpelt.
- Shampoo
- Fön und Bürste oder Kamm
- Rasierer
- Creme für Gesicht und Hände
- Eine Unterlage oder Windel: Alle Muskeln im Körper werden schlaff, auch die Muskeln, die sonst das Pipi halten.
- Lieblingskleider
- Schöne Bettwäsche

ACHTUNG!

Wenn man einen toten Menschenkörper bei der Versorgung bewegt, kann man manchmal ein tiefes Stöhnen hören. Dieses Geräusch kommt von der restlichen Luft in der Lunge, die dabei an den Stimmbändern vorbei aus dem Mund strömt.

Martin erzählt

Martin ist Bestatter. Er kümmert sich um die Verstorbenen und organisiert ihre Beerdigung. Martin hat auch noch eine Spezial-Ausbildung: Er kann Tote so behandeln, dass ihre Körper länger als sonst erhalten bleiben. Manchmal wird er auch nach schlimmen Unfällen gerufen. Martin macht dann den Körper wieder so zurecht, dass sich Familie und Freunde in Ruhe und ohne Angst verabschieden können.

Was machst du, wenn du einen toten Menschen versorgst?

Wir machen es in der Regel zu zweit. Wir waschen den Körper, die Haare werden gekämmt und frisiert, die Zähne und der Mund werden gereinigt. Dann reiben wir ihn mit einer Feuchtigkeitscreme ein. Wenn es gewünscht wird, schminken wir den Verstorbenen auch. Und er bekommt seine Lieblingskleidung angezogen. Ich sage immer: Ich möchte auch meine „letzte Reise“ in den Sachen antreten, in denen ich mich wohl fühle. Das kann ein Trikot eines Sportvereines sein, das kann sein Lieblingsarbeitsanzug sein, oder einfach nur ein T-Shirt und eine Schlabberhose.

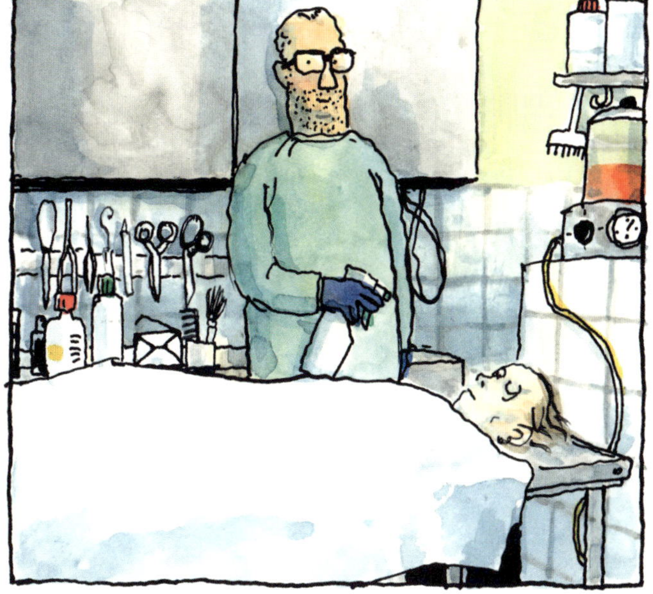

Wie lange dauert das?

Eine Dreiviertelstunde bis anderthalb Stunden. Das hängt von der Situation ab. Wir kriegen die Leute oft so, wie sie gestorben sind. Zum Beispiel, wenn sie aus dem Krankenhaus kommen. Da nehmen wir Schläuche und Infusionen ab und vernähen das ordentlich, damit das alles geschlossen ist.

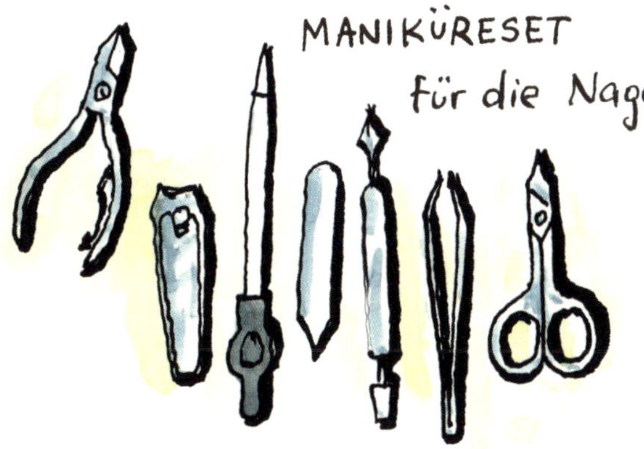

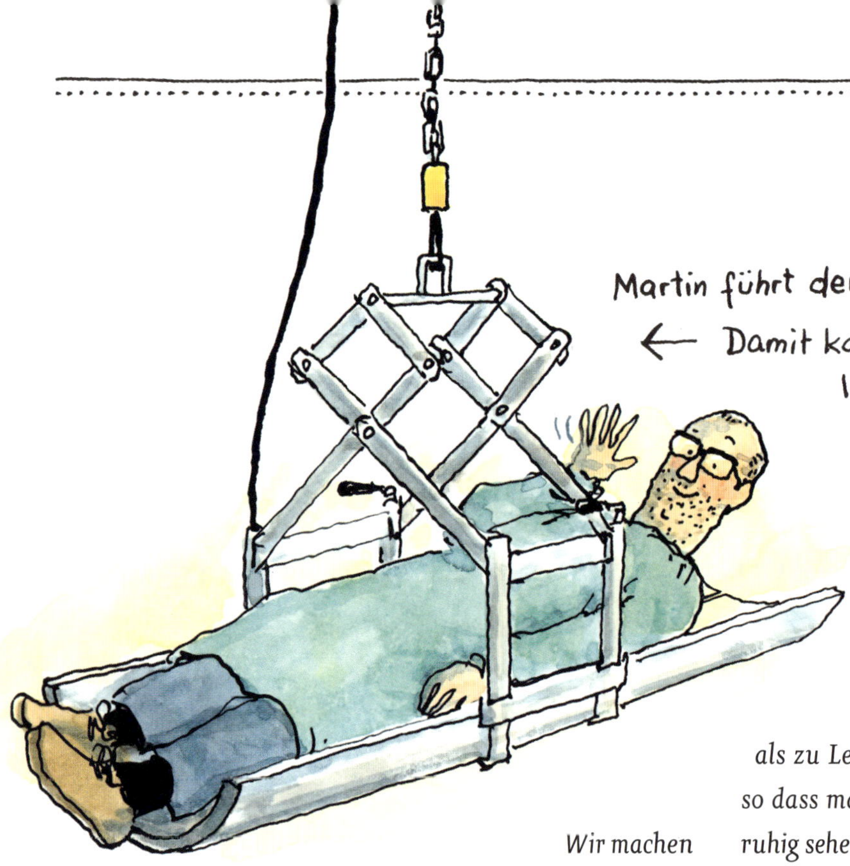

Schminken machen wir nur, wenn es gewünscht wird. Klar, ich könnte alle Verstorbenen schminken und einbalsamieren, so dass die Verwandten sagen: „Der sieht ja aus wie das blühende Leben! Besser als zu Lebzeiten!" Es muss aber im Kopf KLICK machen, so dass man sehen kann: „Ja, er ist tot." Man kann auch ruhig sehen, dass die Lippen oder die Fingernägel so ein bisschen bläulich sind. Man darf die Veränderungen des Todes sehen, finde ich.

Wir machen alles sauber und verschließen die Nase mit Watte. Das wäre die erste Stelle, wo eine Fliege hineinfliegen und Eier ablegen könnte. Das wollen wir natürlich nicht. Deshalb benutzen wir Desinfektionsmittel, das auch die Fliegen nicht mögen. Und dann nehmen wir ganz normale Feuchtigkeitscreme und cremen die Verstorbenen ein und massieren die Hände.

Haben die Menschen Totenstarre, wenn du sie zurechtmachst?

Alle haben das. Viele denken, da werden Knochen gebrochen, wenn ein Mensch tot ist und ich ihn dann bewege. Das ist Quatsch. Durch vorsichtiges Hin- und Herbewegen kann ich die Starre lösen. Wir fangen meistens damit an, mit der Creme die Hände einzucremen, zu massieren und die Finger zu bewegen. Dadurch kann ich auch die Hände falten, wenn einer das will. Danach nehme ich das Handgelenk, dann den Ellbogen und so weiter. Die einmal gelöste Totenstarre bildet sich später nicht wieder.

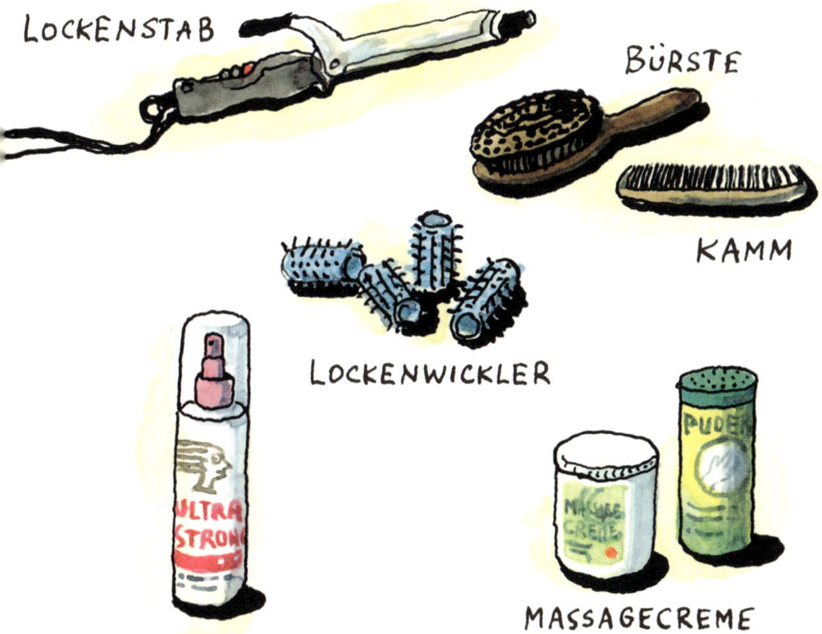

Wie sagst du eigentlich:
„Leiche", „Verstorbener", „Toter"...?

Ich sage „Verstorbener". Aber ich spreche die Menschen auch immer noch gern mit Namen an, wenn wir sie versorgen: „Ja, Frau Müller, jetzt kommen wir zu Ihnen und machen Sie schön!" Manche sagen, dass ist bekloppt. Da liegt ja nur noch ein Körper auf dem Tisch. Der Geist, die Seele, sagt man ja, ist irgendwo hingegangen. Ich weiß ja nicht, ob es den lieben Gott gibt. Aber ich denke, irgendetwas ist da oben. Und irgendwann sehe ich die Verstorbenen da alle wieder und die sagen dann: „Mensch, du hast mich damals aber schön versorgt."

Was ist eine Einbalsamierung?

Bei einer Einbalsamierung wird der Körper haltbarer gemacht. Dabei wird über ein Gerät das alte Blut aus dem Körper herausgezogen und die Konservierungsflüssigkeit hereingezogen. Ein Teil des Blutes wird also ausgetauscht. Einbalsamierungen sind meist vorgeschrieben, wenn ein Toter ins Ausland geflogen wird, um dort bestattet zu werden. Nach Unfällen balsamiere ich auch ein, um das Gewebe haltbarer zu machen. Dann kann ich besser arbeiten, wenn ich versuche, einen Verstorbenen zur Abschiednahme fertig zu machen.

Ich hatte vor ein paar Jahren einen jungen Mann, ein Unfallopfer, der sah schlimm aus. Der Vater hatte von mir gehört und stand mittags bei mir vor der Tür: „Mein Sohn ist verstorben. Ich muss ihn noch einmal sehen, ich komme sonst nicht damit klar. Können Sie ihn fertig machen?" Wir haben alles richtig gut versorgt, den Körper zugenäht und hingelegt und zugedeckt. Mit einem Kollegen zusammen haben wir neun Stunden lang gearbeitet. Als alles fertig war, kam der Vater und sagte: „Ja, er ist es!" Er drehte sich um, nahm mich in den Arm und sagte einfach nur: „Danke!" Das war wichtig: Er konnte ihn noch einmal sehen.

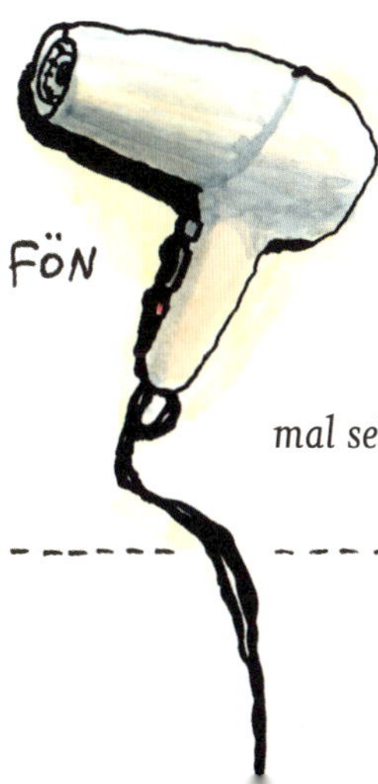

Bist du selbst oft traurig?

Wir sind keine traurige Familie, wir leben ja. Was ich da drüben bei der Abschiednahme zusammen mit Angehörigen schon gelacht habe!

Neulich sagte eine Tochter, sie habe ihrem Papa immer etwas vorgesungen und vorgespielt. Dann sei er aber ins Krankenhaus gekommen und dort auch gestorben. Ich habe gesagt: „Mach das doch hier nochmal!“. Am nächsten Tag kam sie mit ihrem Keyboard und stellte es vor den offenen Sarg – und dann haben wir hier eine Stunde lang ein Hauskonzert gehabt. Sie saß einfach bei ihrem Papa und hat gespielt und gesungen. Herrlich war das!

Einmal haben wir zu Angehörigen gesagt: „Wir ziehen uns jetzt zurück, Sie haben jetzt Zeit, sich in Ruhe von Ihrem Vater zu verabschieden. Wenn etwas ist, melden Sie sich bitte. Draußen an der Kaffeebar können Sie sich auch jederzeit einen Kaffee holen.“ Nach einer halben Stunde gehe ich runter. Da stand neben dem Sarg eine Tasse. Die Tochter sagte: „Ich hoffe, das war in Ordnung, ich habe meinem Papa auch einen Kaffee mitgebracht!“ Klar, der Kaffee war dann kalt, er konnte ihn ja nicht mehr trinken. Aber für die Tochter war das einfach gut so.

Angst vor Toten

Manche haben Angst, dass es unheimlich ist, einen toten Menschen zu sehen. Er könnte sich ja vielleicht doch noch bewegen oder ganz plötzlich die Augen öffnen. Das kann aber nicht passieren. Wer tot ist, ist tot. Die meisten Leute kennen den Tod vor allem aus spannenden Filmen oder den Nachrichten. Sie haben noch nicht erlebt, dass es nicht schlimm sein muss, in einem Raum mit einem Toten zu sein. Manchmal ist es sogar ganz besonders friedlich, still und ruhig.

Für Pflegende, Ärztinnen oder Bestatter ist der Umgang mit Verstorbenen normal. Sie können behutsam helfen, sich ohne Angst von seinem toten Menschen zu verabschieden und ihn noch einmal anzusehen, wenn man das möchte.

Manche haben Angst, einen geliebten Menschen tot zu sehen, weil sie Sorge haben, sich später nur noch an dieses eine Bild erinnern zu können. Wahrscheinlich werden sie wirklich den Anblick ihres Verstorbenen nie vergessen: Er oder sie liegt dann zurechtgemacht auf dem Bett oder in einem Sarg. Ganz anders, als man diese Person vorher lebendig kannte. Trotzdem wird man sich später aber vor allem an die vielen unterschiedlichen Situationen erinnern, in denen man gemeinsam lebendig war.

Wenn die Angst zu groß ist, kann es auch helfen, sich vielleicht erst einmal nur die Hände anzuschauen.

Manche haben Angst, einen geliebten toten Menschen zu berühren. Die Haut eines Verstorbenen ist wirklich kalt wie eine Fensterscheibe. Es fühlt sich irgendwie nicht richtig an, dass ein Mensch nicht warm und lebendig ist, sondern kalt und tot. Eine Berührung der Hand kann helfen, direkt zu fühlen, was so schwer zu begreifen ist: Dieser Mensch lebt nicht mehr.

Es ist absolut in Ordnung, wenn man einen toten Menschen nicht noch einmal anschauen oder berühren möchte. Manchmal hilft es, jemanden bei sich zu haben, damit man gemeinsam mutig sein kann. Aber auch an einem geschlossenen Sarg oder einer Urne kann man sich gut und in Ruhe verabschieden.

Begegnung mit einem Toten

Martin führt mich in ein kleines Zimmer, in dem ein Sarg auf einem Gestell steht. Das Fenster ist gekippt, Blumen und ein Kerzenständer stehen im Raum. Als mir klar wird, dass in dem Sarg ein Mensch liegt, merke ich, wie ich mich gleichzeitig neugierig und unsicher fühle.

Martin: *Der Sarg hier ist schon verschlossen, aber den können wir gerne aufmachen.*

Martin hebt den Deckel ab und stellt ihn zu Seite. Im Sarg sehe ich einen alten, dünnen Mann mit weißem Bart in einem blauen Pullover. Sein Kopf liegt auf einem weichen Kissen, die Augen sind geschlossen. Seine Ohren sind lila-blau. Seine Hände liegen übereinander auf der weißen Bettdecke. Die Fingerspitzen sind auch dunkel- lila verfärbt. Er sieht aus, als würde er schlafen.

Martin: *Er hat seine eigenen Sachen an. Man darf ruhig die blauen Ohren sehen, das kommt durch den Sauerstoffmangel. Am Anfang sah das auch noch normal aus. Und du siehst: er war im Krankenhaus, er hatte zuletzt eine Sauerstoffmaske auf. Die Abdrücke hier, die fangen jetzt an, stärker zu werden.*

Wann ist er denn gestorben?

Martin holt die Papiere, die auf den Füßen des Mannes liegen: … *Ist verstorben am Sonntag, heute ist Mittwoch.*

Darf ich ihn mal berühren?

Martin: *Ja, natürlich.*

Ich berühre vorsichtig und ehrfürchtig seine Hand. Sie ist haut-weich, sehr kalt, aber nicht erschreckend kalt. Der Mann sieht schön aus: gemütlich gekleidet und friedlich. Unter der Decke trägt er eine Jeanshose und dunkelblaue Wollsocken. Durch die Hose kann ich vorsichtig die weichen Waden fühlen. Wie bei einem lebendigen Menschen. Nur kalt.

Er sieht wirklich schön aus.

Martin zeigt auf das Innenfutter des Sarges: *Und du siehst hier unseren Ausschlag, den wir zur Abschiednahme dann drüberziehen, dass alles ordentlich aussieht. Diese Bordüre machen wir extra noch dran, damit es einfach ein bisschen schöner aussieht. Das Auge nimmt letztendlich auch mit Abschied. Er hat seine ganz normalen Sachen an, er ist ordentlich angezogen. Das ist uns immer wichtig. Wir machen auch von jedem Verstorbenen ein Foto, wenn er im Sarg liegt. Dann machen wir Kerzen an und die Angehörigen können kommen. Oft fragen sie auch: „Dürfen wir morgen noch einmal kommen?"*

Ich kann hinterher sagen: Ich habe nicht nur einen Sarg verkauft, ich habe auch die Leute ein Stück begleitet.

Scheintot

Vor ein paar hundert Jahren hatten viele Menschen Angst, eines Tages aus Versehen für tot erklärt zu werden. Man erzählte sich damals viele schauerliche Geschichten von Leuten, die bei ihrer Beerdigung im Sarg Klopfzeichen gegeben hatten. Andere wurden lebendig begraben und konnten nur durch einen Zufall gerettet werden. Die Menschen wussten einfach nicht genug über die wirklich sicheren Zeichen des Todes.

Um zu überprüfen, ob eine tote Person vielleicht doch noch lebte, gab es in diesen Zeiten unterschiedliche Methoden: Man hielt den Toten beispielsweise einen Spiegel vor den Mund, um den Atemhauch sehen zu können. Manchmal stellte man eine mit Wasser gefüllte Schüssel auf den Brustkorb und schaute, ob sich der Wasserspiegel bewegte. Auch schob man Nadeln unter die Zehennägel oder pikte damit ins Herz. Oder man kitzelte die Toten oder blies ihnen mit einer Trompete ins Ohr. Es gab auch Särge mit langen Röhren, die frische Luft ins Grab leiteten. Für alle Fälle. Und manchmal wurde den Toten eine Glocke mit in den Sarg gelegt. Dann konnten sie läuten, falls sie noch einmal aufwachen sollten.

Schließlich kam man auf die Idee, Leichenhäuser zu bauen. Dort konnten mehrere tote Körper so lange liegen bleiben, bis man die Verwesung sehen konnte und ganz sicher war.

Der berühmte dänische Märchenschreiber Hans Christian Andersen hatte sehr große Angst davor, versehentlich lebendig begraben zu werden. Deshalb legte er jeden Abend einen Zettel neben sein Bett, auf dem stand: „Ich bin nur scheintot!“ – für den Fall, dass jemand ihn im Schlaf zufällig für tot halten könnte.

Heute braucht zum Glück kein Mensch Angst davor zu haben, eines Tages aus Versehen lebendig begraben zu werden. Ärztinnen und Ärzte kennen die eindeutigen Todeszeichen besser. Sie müssen mit vielen Tests ganz genau prüfen, ob jemand wirklich tot ist.

Alte Rituale

Seit Jahrhunderten gibt es alte Rituale und Traditionen im Umgang mit Gestorbenen und Toten. Sie haben oft mit alten Vorstellungen zu tun, manchmal auch mit dem Glauben an Geister oder an den Tod, der als Person erscheint. Einiges davon tun Leute auch heute noch. Anderes kennen nur noch wenige alte Menschen in einzelnen Dörfern und abgelegenen Regionen, und vieles ist schon lange vergessen.

Rituale sind gut, damit man in einer schwierigen Situation etwas tun kann und sich nicht hilflos fühlt. Sie können auch dabei helfen, den Tod eines Menschen langsam zu verstehen und zu akzeptieren. Es gibt heute immer mehr Bestatterinnen und Bestatter, die den Trauernden von diesen alten Handlungen und Traditionen erzählen.

Hier findest du Beispiele alter Rituale

- **Öffnen des Fensters:** Die Seele kann den Körper verlassen und aus dem Fenster hinausfliegen. In uralten Bauernhäusern kann man manchmal zwischen den normalen Fenstern eine kleine mit Holz verschlossene Öffnung entdecken. Dieses „Seelenfenster“ wurde geöffnet, wenn ein Bewohner oder eine Bewohnerin gestorben war.

- **Anhalten der Uhren:** Die Zeit war für den gestorbenen Menschen und seine Zugehörigen stehen geblieben. Außerdem hatte man Sorge, dass das laute Ticken der Uhrzeiger die Seele dabei stören könnte, den Weg ins Paradies zu finden.

- **Verhängen der Spiegel:** Der Tote durfte sich nicht im Spiegel spiegeln, sonst befürchtete man einen zweiten Todesfall.

ZWISCH...

...SO RUHE WOHL...
...SCHLAF, MÜDER LEIB...

- **Totenwache:** Meist eine ganze Nacht lang wachte man bei der gestorbenen Person und konnte noch einmal Abschied nehmen. Dabei wurde mit Nachbarn und Freunden gesungen, gebetet, gegessen und getrunken. Außerdem konnte der Verstorbene so vor bösen Geistern und Dämonen beschützt werden.

- **Sterbe- oder Totenlicht:** Eine Kerze wurde angezündet und nicht gelöscht, bis der oder die Verstorbene beerdigt war. Das Licht sollte den Weg zu Gott und in die Ewigkeit erhellen – und auch böse Geister vertreiben, vor denen man im Dunkeln Angst hatte.

- **Leichenhemd / Totenhemd:** Dieses weiße Kleid ähnelt einem Nachthemd. Es wurde den Toten nach dem Waschen angezogen. Manche hatten ihr Totenhemd schon zu Lebzeiten als Geschenk zur Konfirmation oder zur Hochzeit bekommen. Wenn sie es in ihrem Schrank liegen sahen, wurden sie immer wieder daran erinnert, dass sie irgendwann einmal das „letzte Hemd" anziehen werden.

- **Totenglocke:** In vielen Kirchtürmen gibt es eine bestimmte Glocke, die nur geläutet wurde, wenn jemand gestorben war. Alle im Dorf wurden auf diese Weise benachrichtigt. An der Art des Läutens konnte man auch erkennen, ob es eine Frau oder ein Mann war.

- Die Verstorbenen wurden **mit den Füßen voran** aus dem Haus getragen, damit sie nicht auf die Idee kommen, irgendwann zurückzukehren.

- **Der Leichenbitter** oder **die Leichenbitterin** hatte die Aufgabe, die Leute im Ort über einen Todesfall zu informieren und zum Begräbnis zu „bitten". Er oder sie durfte auf keinen Fall ins eigene Haus gelassen werden, denn das würde den nächsten Tod eines Menschen bedeuten.

- **Leichenchor:** Wenn der Sarg abgeholt und von allen durch das Dorf zum Friedhof getragen wurde, sang ein Beerdigungs-Chor zur Begleitung des Trauerzuges.

- **Klageweiber:** In vielen Kulturen wurden Klagefrauen oder Klageweiber für die Beerdigung bestellt. Sie verdienten ihr Geld, indem sie laut weinten und schluchzten, sich die Haare rauften, beteten und tanzten, jammerten und schrien. Das konnte den Trauernden helfen, ihre eigenen Gefühle auch auszudrücken.

- **Trauerkleidung:** Für die Trauernden gab es in vielen Ländern und Gegenden strenge Kleiderregeln. In der „Volltrauer" sollte bis zu einem Jahr lang ausschließlich Schwarz getragen werden. Erst nach und nach durfte man dann die Kleidung mit weißen oder bunten Stoffstücken aufhellen.

Abschied nehmen

Wenn jemand stirbt, muss man Abschied nehmen. Das gilt für den Menschen, der stirbt und für diejenigen, die zurückbleiben und weiterleben.

Aus den unterschiedlichsten Situationen im Leben weiß man, wie schmerzlich Abschiede sein können: wenn die Freundin in eine andere Stadt zieht oder wenn die Eltern sich trennen.

Wenn jemand stirbt, ist das noch einmal anders. Dann wissen alle, dass es für immer ist. Nie wieder wird man mit diesem einen Menschen zusammen sein, lachen oder auch streiten können. Erst nach und nach kann man das verstehen. Es ist ein Trost zu wissen: Ein Abschied von einem Menschen tut deshalb so weh, weil die Liebe zu diesem Menschen besonders groß ist.

Vielleicht sind die verschiedenen Arten, Abschied zu nehmen, wie Szenen auf einem Bahnhof:

Manche finden es wunderbar, sich am Gleis von ihren vielen Freunden zu verabschieden. Alle werden noch einmal umarmt und man erinnert sich gemeinsam an die Zeit, die man miteinander verbracht hat. Beim Einsteigen sind alle traurig und dankbar zugleich.

Andere wollen lieber allein zum Bahnsteig gehen, ihnen reicht eine kurze Verabschiedung vorher. Für sie ist es gut, sich nicht mehr umzudrehen und bei der Abfahrt des Zuges ganz für sich zu sein.

Wieder andere können sich kaum voneinander trennen. Der Zug steht abfahrbereit am Gleis, der Pfiff des Schaffners signalisiert, dass jetzt die Türen schließen. Es fällt allen unglaublich schwer, dass es nun so weit ist.

Es kann auch sein, dass der Zug Verspätung hat und die lange Wartezeit auf dem Bahnsteig kaum auszuhalten ist. Keiner weiß mehr, was man noch reden könnte. Eigentlich wurde schon alles gesagt.

Manchmal ist der Reisende auch einfach abgefahren, ohne dass man sich richtig verabschieden konnte. Das ist oft schlimm für diejenigen, die zurückbleiben. Und wenn der Zug dann losgefahren und der geliebte Mensch nicht mehr da ist?

Dann stehen die einen auf dem Bahnsteig und schauen dem Zug noch lange nach. Sie fühlen sich traurig und es fällt ihnen schwer, wieder nach Hause zu gehen und ohne den anderen weiterzumachen.

Andere fahren vielleicht direkt zur Arbeit und haben Verabredungen mit Freunden. Ihnen tut es gut, etwas zu tun zu haben und nicht allein zu sein. Manchmal merken sie erst viel später in bestimmten Situationen, dass sie plötzlich sehr traurig werden.

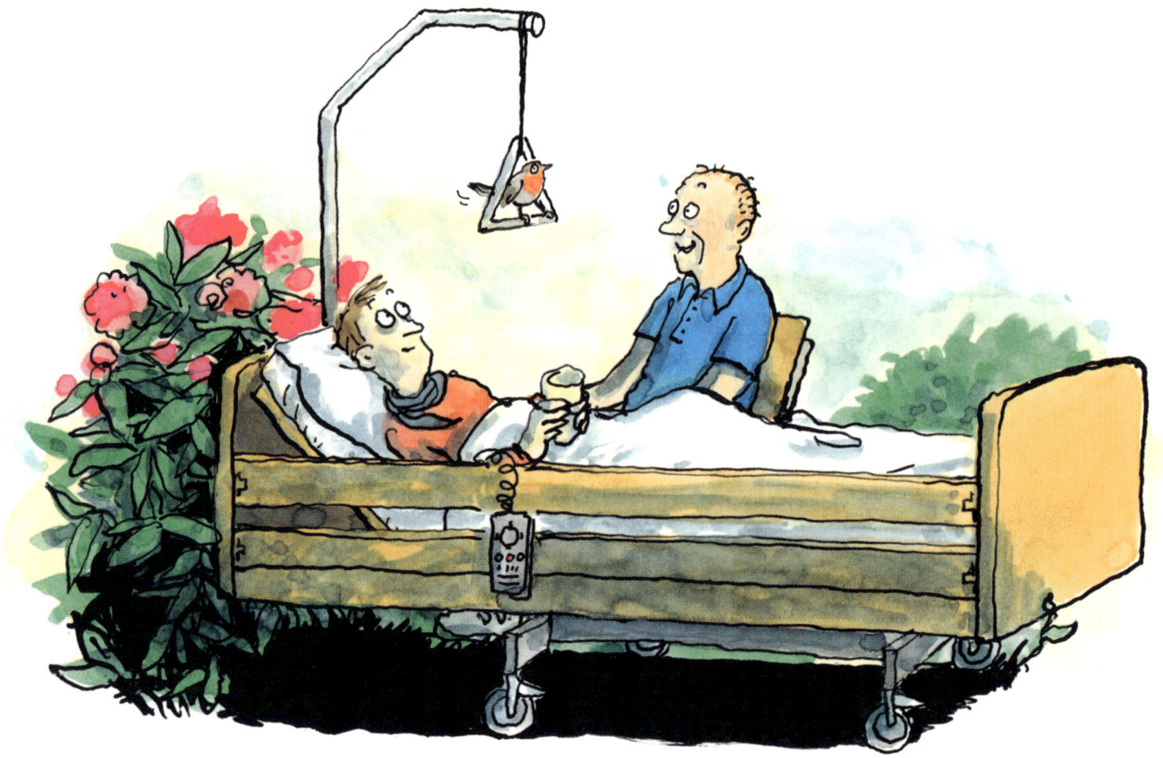

Karl erzählt

Karl ist Arzt. Er kümmert sich unter anderem um alte oder sehr kranke Menschen, die bald sterben werden. Er besucht sie oft im Pflegeheim oder im Hospiz. Karl redet viel mit den Menschen über ihr Lebensende. Sie wissen, dass sie nicht mehr gesund werden können. Aber sie wissen auch, dass Karl sie in ihrer letzten Lebenszeit begleiten und mit Medikamenten so gut wie möglich versorgen kann.

Karl nennt „Sterben" lieber „Lebens-End-Phase", weil ihm das Leben vor dem Tod besonders wichtig ist.

Das, was du tust, nennt man auch „Palliativ-Medizin". Was ist das?

Pallium bedeutet „Mantel", also es geht darum, die Menschen ein bisschen zu ummanteln und zu umsorgen. Auch wenn man schwer krank ist, kann das Leben noch sehr viel Qualität haben. Wir Palliativ-Mediziner geben den Sterbenden ein Versprechen: Wir werden für euch da sein und versuchen zu helfen. Und da gibt's eine ganze Menge Möglichkeiten.

Bekommen manche Angst beim Sterben?

Manchmal werden die Menschen auch unruhig, weil sie Atemnot oder Schmerzen haben. Ich kann dem Patienten da mit Medikamenten zum Schlaf verhelfen. Das muss ich aber vorher mit dem Patienten gut besprochen haben. Ganz am Anfang frag ich immer schon, wovor er oder sie Angst hat. Ich denk halt, es ist immer ganz wichtig, mit offenen Karten zu spielen. Ich erlebe leider oft, dass vorher niemand mit ihnen richtig gesprochen hat. Und dass sie sehr glücklich sind, wenn man sie einfach fragt. Das lindert nämlich die Angst.

Kann man mit dem Sterben warten, bis einer da ist?

Wir erleben tatsächlich häufig, dass Menschen zum Beispiel den Besuch eines wichtigen Menschen noch „abwarten". Zum Beispiel, wenn der Sohn weit weg wohnt und einen Tag braucht. Man denkt dann, die Mutter ist eigentlich schon fast tot. Aber irgendwie schafft sie es noch zu leben, bis der Sohn da ist. Und dann stirbt sie plötzlich ganz schnell.

Bist du beim Sterben dabei?

An dem Punkt selbst, wo die Leute sterben, bin ich nur selten dabei. In der Phase davor, ja. Und dann wieder danach zur Feststellung des Todes. Ein Arzt muss ja immer eine Leichenschau machen.

Was ist eine Leichenschau?

Also im Prinzip schaue ich den Menschen von oben bis unten an und untersuche ihn noch einmal ganz genau. Ich horche ihn mit einem Stethoskop ab und gucke, ob sich der Brustkorb bewegt – was er beim Atmen tun würde. Dann horche ich das Herz ab und versuche, den Puls zu ertasten. Ich schaue auch auf die Pupillenreaktion: Ich nehme eine kleine Lampe und leuchte damit ins Auge. Wenn die Pupille nicht kleiner wird, ist das immer ein Zeichen, dass es im Gehirn dort keine Durchblutung mehr gibt.

Wenn der Mensch schon etwas länger tot ist, dann gibt es die sogenannten „sicheren Todeszeichen". Das sind dann zum Beispiel Leichenflecken oder die Leichenstarre. Das sind Hinweise, dass der sichere Tod da ist.

„Leichenschau" ist ein gruseliges Wort, finde ich.

Es ist ganz spannend, wenn man drüber nachdenkt, warum das Wort so schrecklich klingt. Auf einmal soll da die Person gar nicht mehr da sein, um die wir uns ja im Sterben gekümmert haben. Jetzt soll das nur noch ein Körper sein, der als „Leiche" bezeichnet wird. Das hört sich eigenartig an. Aber letztendlich kann man den Toten genauso gut in den Arm nehmen und drücken und sich verabschieden. Auch wenn man vielleicht erst einmal erschrocken ist, dass da kein Leben mehr ist.

Was denkst du: Gibt es eine Seele, die den Körper verlässt, wenn ein Mensch stirbt?
Ich würde es mal so sagen: Es gibt eine ganze Menge zwischen Himmel und Erde, was wir nicht wissen und nicht in Worte fassen können. Manchmal hat man wirklich den Eindruck, dass so ein Körper in der Sterbesituation irgendetwas loslässt. Aber ich gebe mich auch damit zufrieden, dass ich eben nicht erklären kann, was das ist.

Kannst du dich an den ersten toten Menschen erinnern, den du gesehen hast?
Ja, da muss ich noch sehr, sehr jung gewesen sein. Meine Oma, eine sehr dicke Dame im Kittel, lag immer in so einer Art Wohnküche auf einem Sofa. Dort ist sie auch verstorben. Das ist die erste Situation, in der ich wusste, dass ein Mensch tot ist. Das sah aber für mich aus wie Schlafen.

Ich stelle mir gerade vor:
Ein toter Mensch, der einfach in der Küche liegt!
In früheren Zeiten waren die Verstorbenen ja zu Hause und lagen dort auch noch ein paar Tage aufgebahrt.

Sollte man mit Kindern über Sterben und Tod reden?
Ich glaube, das ist wie mit allen anderen Themen und Dingen: Man muss offen und ohne Scheu alles besprechen. Jedem Kind ist klar, dass es den Tod gibt. Für Kinder ist es, glaube ich, gar nicht fremd, dass die Menschen Lebewesen sind und auch sterben. Ich würde aber viel mehr das Leben mit ihnen betrachten – mit aller Kraft und Freude, die sich uns bietet.

Verwesung

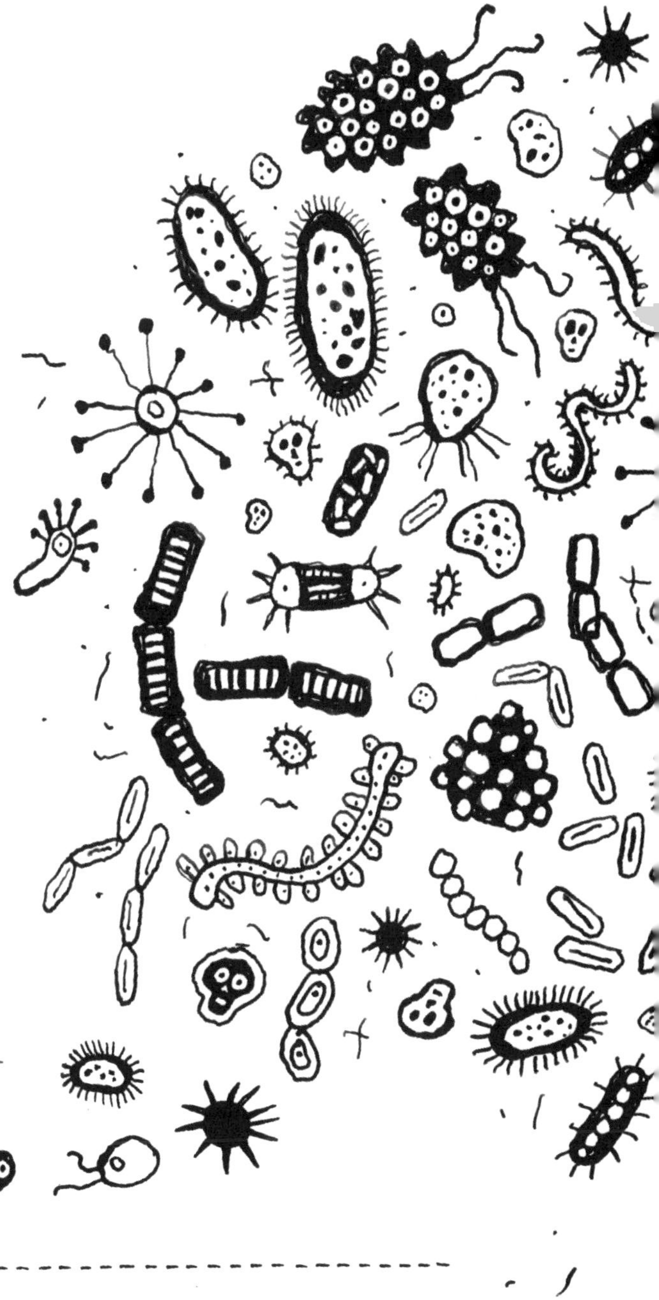

Alles Lebendige vergeht irgendwann. Es ist ganz natürlich, dass tote Pflanzen und Tiere sich zersetzen, irgendwann auflösen und zu Erde werden. Manchmal kann man das ganz gut an alten, matschigen Blätterhaufen im Herbst sehen oder an Resten eines toten Tieres, das schon eine Weile im Wald oder am Straßenrand gelegen hat.

Auch Menschenkörper vergehen. Gleich nach dem Sterben beginnt im Inneren des Körpers langsam etwas, das man nach einigen Tagen auch von außen sehen kann. Der Körper löst sich nach und nach auf. Alles, was vorher wie in einer komplizierten Maschine gut aufeinander eingespielt war, funktioniert nun nicht mehr. Billionen von Körperzellen sterben ab und verflüssigen sich.

Der tote Körper bietet gute Nahrung für unzählige Bakterien. Zu Lebzeiten konnte der Mensch sie noch gut gebrauchen – zum Schutz gegen Krankheiten oder für die Verdauung. Wenn ein Mensch stirbt, sterben diese Bakterien nicht. Im Gegenteil, sie vermehren sich ungehindert weiter und zersetzen nach und nach alles Körpermaterial, das ihnen in die Quere kommt.

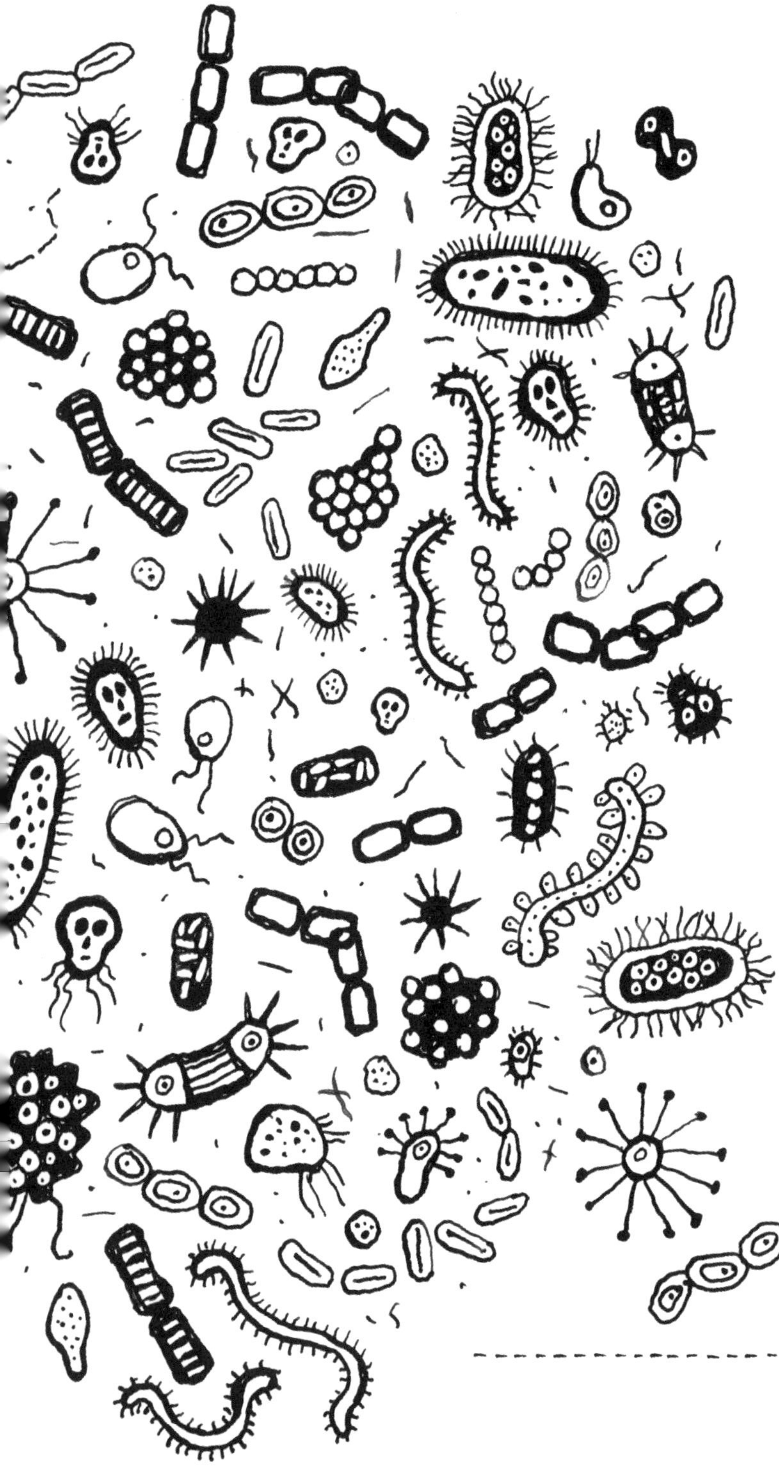

Diese Auflösung und Verwesung des Körpers kann man nach einigen Tagen beispielsweise auch an einem speziellen, etwas süßlich-fauligen Geruch wahrnehmen.

Weil die Zersetzung des Körpers mit der Zeit immer stärker wird, ist es Vorschrift, einen verstorbenen Menschen nach ungefähr einer Woche zu beerdigen oder in einem Krematorium zu verbrennen.

In einer kühlen Umgebung läuft die Verwesung viel langsamer ab. Deshalb sollte ein toter Körper auch möglichst schnell gekühlt werden. Zu Hause kann man das zum Beispiel mit Kühlakkus aus der Gefriertruhe machen. Die legt man einfach unter die Bettdecke.

Es gibt aber auch extra Kühlräume, in die die Körper der Verstorbenen bis zu ihrer Beerdigung oder Einäscherung gelegt werden können. Manche Bestatter haben einen solchen Raum in ihrem eigenen Geschäft, andere bringen sie in eine kühle Leichenhalle auf dem Friedhof. In Krankenhäusern befinden sich die Kühlkammern für die Toten meistens im Keller. Selbst Kreuzfahrtschiffe haben eine Kühlkammer für Tote. Man kann ja nie wissen, ob nicht einer der Passagiere auf seine „letzte Reise" geht.

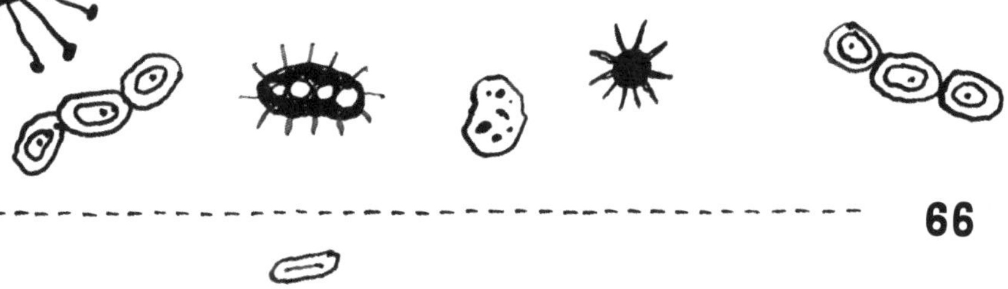

TIERISCH ZERSETZT

Wenn man ein totes Tier im Wald findet, das schon länger dort gelegen hat, kann das ziemlich spannend aussehen: Es wimmelt nur so von grünen Fliegen, Maden und krabbelnden Käfertieren. Auch Wespen und Schmetterlinge machen sich über den toten Körper her. All diese Insekten werden von dem Geruch des toten Tieres angezogen, sie ernähren sich von dem verwesenden Fleisch.

Liegt ein toter Menschenkörper lange Zeit und ungekühlt im Freien (zum Beispiel nach einem unentdeckten Verbrechen), werden von dem Geruch des verwesenden Fleisches ebenfalls allerhand Insekten angelockt. Wie bei den Tieren im Wald auch. Dann können die kleinen Krabbeltierchen sogar dabei helfen, Kriminalfälle zu lösen: Wissenschaftler erkennen anhand der einzelnen Tierarten und ihrer unterschiedlichen Entwicklungsstadien, wie lange jemand schon am Ort gelegen hat und auch, ob er oder sie vielleicht erst später hierhergeschafft wurde.

BEERDIGEN

Meine Asche soll mal auf's Meer gestreut werden!

Platzsparend, hygienisch, kostengünstig, einfach praktisch. Ich will in die Urne!

So oder so

Wenn ein Mensch stirbt, ist er nicht mehr lebendig. Sein Körper ist aber noch da. Diejenigen, die noch leben, müssen sich nun überlegen, was sie mit der Körper-Hülle am besten machen. Oft hat sich der oder die Tote selbst zu Lebzeiten schon Gedanken darüber gemacht.

Eine wichtige Entscheidung muss ziemlich schnell getroffen werden: **Feuer-** oder **Erd**bestattung? Wird also der Körper verbrannt und anschließend als Asche in einer Urne beerdigt, oder soll er lieber als Ganzes in einem Sarg unter die Erde gebracht werden?

Viele Menschen entscheiden sich für eine Urnenbestattung. Dafür gibt es Gründe: Es kostet weniger, die Zugehörigen haben mehr Zeit für die Planung der Beerdigung und neben dem Friedhof gibt es noch viele andere Möglichkeiten, wo und wie die Urne bestattet werden kann.

Im Krematorium

Ein Krematorium ist ein Haus, in dem tote Körper verbrannt werden. Es gibt dort nicht nur einen großen Ofen, sondern meist auch unterschiedliche Räume: einer für die Särge, in denen die verstorbenen Menschen liegen, ein anderer, um sich noch ein letztes Mal von dem oder der Gestorbenen verabschieden zu können. Es gibt auch ein Büro. Alles muss genau aufgeschrieben werden: Wie hieß der Mensch? Woran und wann ist er gestorben? Wann wurde er gebracht? Wann und bei welcher Temperatur wurde er verbrannt? Zu welchem Zeitpunkt wurde die Kapsel mit seiner Asche verschlossen und versiegelt?

Der Eingangsbereich ist so groß, dass ein Leichenwagen vorfahren kann. Der Tote wird in einen Raum gebracht, in dem schon einige andere Särge aufgereiht sind. Eine Ärztin oder ein Arzt prüft schließlich noch

einmal ganz genau, ob alle dort auch wirklich so gestorben sind, wie es in ihren Papieren steht. Das ist die allerletzte Gelegenheit, um einen möglichen Mord aufzudecken. Ist der Körper nämlich einmal verbrannt, wird er nie mehr als Beweis dienen können.

Die Toten „warten“ hier nun auf ihre Verbrennung. Es ist kühl und es riecht ungewöhnlich süßlich. An manchen Särgen klebt ein gelber Zettel als Hinweis für die Mitarbeiter: Wenn es so weit ist, sollen sie die Zugehörigen anrufen. Diese können dann an ihren verstorbenen Menschen denken. Manchmal kommen sie auch und möchten bei der Verbrennung mit dabei sein.

Im Ofenraum spürt man die große Hitze von über 1.000 Grad, die für die Verbrennung von Sarg und Körper benötigt wird. Es ist laut. Viele große Maschinen arbeiten zusammen. Wenn alles bereit ist, öffnet sich die automatische Tür der glühenden Brennkammer und der Sarg wird hineingefahren. Noch bevor die Tür wieder schließt, sieht man die Flammen lodernd aufsteigen. Giftige Gase, die bei der Verbrennung entstehen, werden gefiltert und durch einen Schornstein in die Luft abgelassen. Innerhalb einer guten Stunde ist nur noch ein Häuflein Asche übrig.

Die gesamte Ofenanlage ist so groß, dass man über eine Treppe ins Untergeschoss laufen muss, um schließlich alle Reste der Körper-Verbrennung in ein Kästchen zu fegen: graue, flockige Asche mit kleinen Knochenstückchen.

Hatte ein Verstorbener ein künstliches Kniegelenk oder im Körper eine Verschraubung seiner Knochen, kann man diese Metallteile in der Asche sehen. Sie werden am Sortiertisch mit einem starken Magneten herausgezogen und in eine spezielle Mülltonne geworfen. Damit alle Reste gut in die Urnen-Kapsel passen, mahlt eine Maschine schließlich noch einmal alles zu einem sandartigen Pulver aus Körnchen und Flocken. Der Körper eines Erwachsenen passt nun in eine Dose, die ungefähr so groß ist wie eine Maxi-Packung Toastbrot. Später wird die schwarze Aschekapsel dann meist für die Beerdigung in eine schöne Schmuck-Urne gestellt.

Und im Obergeschoss, da wartet schon der nächste Tote in seinem Sarg auf seine Verbrennung.

Friedhöfe und Gräber

Ob in einer Urne oder in einem Sarg – die meisten Menschen werden auf Friedhöfen beerdigt.

Das Wort „Friedhof" hat etwas mit Frieden zu tun. Hier ist es meist still und friedlich. Man kann in Ruhe an die Gräber gehen und sich an die Toten erinnern. Für viele Lebende ist es wichtig, einen Ort zu haben, an dem sie mit ihrer Traurigkeit und ihren Gedanken sein können. Ursprünglich hatte ein Friedhof auch mit „einfrieden" zu tun, was so viel heißt wie „durch einen Zaun oder eine Mauer begrenzen". Auf einem Friedhof wird also die Welt der Toten von der Welt der Lebenden getrennt.

Auf alten Friedhöfen kann man auch heute noch prachtvolle Gräber und Grabstätten bewundern, in denen die Mitglieder großer Familien beerdigt waren. Kunstvolle Grabsteine mit verzierten Schnörkelschriften, große Statuen und Engelfiguren lassen erahnen, wie bedeutsam für viele Leute ihre letzte Ruhestätte war. Ein Erdgrab bleibt ungefähr zwanzig bis dreißig Jahre bestehen. So lange braucht normalerweise ein Körper, um in der Erde zu verwesen. Erst nach dieser Ruhezeit darf das Grab von einem neuen Toten belegt werden. Ein Urnengrab bleibt ungefähr zehn bis zwanzig Jahre.

Ein Grab ist ziemlich tief. Für einen Sarg wird ungefähr eine zwei Meter tiefe Grube mit dem Bagger gegraben. Ein erwachsener Mensch könnte darin stehen und würde kaum über den Rand gucken. Eine Urne ist kleiner und braucht nicht so viel Platz. Deshalb ist das Loch für sie auch nur halb so tief.

Die Erde, in die der Sarg mit dem toten Körper gelegt wird, kann sehr unterschiedlich beschaffen sein. Ist der Boden eher sandig, braucht die Verwesung eines Körpers nicht so lange. Innerhalb von zwei Jahren ist nur noch das Skelett übrig. Die Knochen und Zähne zersetzen sich nach und nach und sind nach zwanzig Jahren nicht mehr da.

Besteht der Boden jedoch aus Lehm, durch den wenig Sauerstoff dringen kann, braucht ein Körper oft viel länger für die Verwesung. In seltenen Fällen kann es sein, dass ein Körper unter der Erde nicht zerfallen kann.

VERSCHIEDENE GRÄBER

Auf einem gewöhnlichen Friedhof gibt es unterschiedliche Grabarten zur Auswahl. Meist kümmern sich die Lebenden oder die Friedhofsgärtnerei darum, wie es aussehen soll. Wie bei seinem eigenen Zimmer muss man auch ab und zu schauen, dass es wieder ordentlich aussieht.

Ein spezieller Natur-Friedhof ist der Bestattungswald. Gräber, die man pflegen muss, gibt es hier nicht. Stattdessen wird die Asche der Verstorbenen mitten in der Natur unter Bäumen beerdigt. Für viele ist es eine schöne Vorstellung, in einer friedlichen Umgebung unter Vogelgezwitscher und summenden Insekten in seinem letzten „Bett“ zu liegen. So einen Wald nennt man auch Friedwald oder Ruheforst.

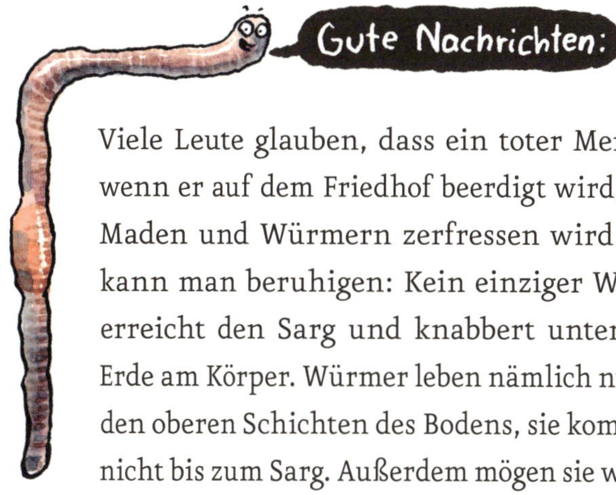

Viele Leute glauben, dass ein toter Mensch, wenn er auf dem Friedhof beerdigt wird, von Maden und Würmern zerfressen wird. Die kann man beruhigen: Kein einziger Wurm erreicht den Sarg und knabbert unter der Erde am Körper. Würmer leben nämlich nur in den oberen Schichten des Bodens, sie kommen nicht bis zum Sarg. Außerdem mögen sie weder Fleisch noch Knochen, sondern sind strikte Vegetarier und Erdfresser.

URNENWAND (KOLUMBARIUM)

Auf manchen Friedhöfen gibt es Mauern oder Säulen mit Nischen für die Urnen. Gut eingeschlossen stehen die Urnen wie in einem Schrank.

GRUFT / MAUSOLEUM

Auf alten Friedhöfen kann man manchmal Häuschen entdecken, in deren Nischen die Urnen oder Särge einer Familie beigesetzt sind. Neue Gruften gibt es nur noch sehr selten.

THEMENGÄRTEN

Immer mehr Friedhöfe haben schön gestaltete Gärten und Landschaften mit mehreren unterschiedlichen Grabstellen. Man kann darin wie in einem kleinen Park spazieren gehen oder sich auf eine Bank setzen. Mal gibt es kleine, vor sich hinplätschernde Brunnen, mal bunte Kunstwerke, mal Felder mit Naturwiesen. Hier kann man sich in Ruhe aufhalten und an seine Verstorbenen denken. Das Beste ist: Die Zugehörigen müssen sich nicht besonders um ihre Gräber kümmern. Die Friedhofsgärtnerei übernimmt die Gestaltung, Bepflanzung und Pflege der Gärten. Sie heißen zum Beispiel „Rosengarten", „Himmelsgarten" oder „Garten der Erinnerung".

KRIEGSGRÄBER

In Kriegen sterben viele Menschen. Überall auf der Welt gibt es Friedhöfe, auf denen alle beerdigt sind, die wegen eines Krieges in dieser Gegend sterben mussten: Soldaten, Geflüchtete, Kriegsgefangene, Frauen und auch Kinder. An solchen Kriegsgräber-Stätten kann man oft Hunderte und Tausende gleicher Kreuze auf einem großen Feld sehen.

BEINHÄUSER

„Bein" oder „Gebein" ist auch ein altes Wort für „Knochen". Ein Beinhaus ist ein Haus für Knochen. In früheren Zeiten gab es manchmal auf Friedhöfen irgendwann zu wenig Platz für die neuen Toten. Deshalb grub man die Schädel und Knochen der bereits Gestorbenen aus und stapelte sie in einem kleinen Haus oder einer Kapelle kunstvoll sortiert über- und nebeneinander. So waren die Gräber auf dem Friedhof wieder frei für die nächsten Toten.

VIRTUELLE GRÄBER

Friedhöfe im Internet sehen aus wie im echten Leben. Jeder kann hier ein Grab mit Grabstein, Blumen und Namen einrichten. Egal, wo man auf der Welt gerade ist: Man kann jederzeit seine Liebsten besuchen oder sich mit anderen auf dem Friedhof treffen – Hauptsache, man hat eine gute Internetverbindung!

Uli erzählt

Uli ist Friedhofsgärtner. Er sorgt dafür, dass der Friedhof mit seinen Wegen und Anlagen gepflegt wird. Uli mäht die Rasenflächen, schneidet die Bäume und Sträucher und bepflanzt die vielen Gräber regelmäßig mit Blumen. Uli und seine Mitarbeiter heben auch die Gruben für die Beerdigungen aus. Seine Frau und seine Tochter haben am Eingang des Friedhofs einen Blumenladen. Sie machen Kränze und den Blumenschmuck für die Trauerfeiern.

Erzähl doch mal, was du für einen Beruf hast!

Ich bin Friedhofsgärtnermeister. Mein Opa war schon Friedhofsgärtner, dann mein Papa und ich jetzt auch. Ich bin ein Naturbursche. Ich habe immer gedacht, ich bin dann immer draußen mit 'ner Schippe und bepflanze Gräber. Aber das heute ist nicht mehr so. Heute muss ich auch viel am Computer sitzen.

Warum?

Früher wurde zum Beispiel angerufen: „Hör mal, die Frau Müller ist gestorben, kennst du die?" – „Ach so, die Frieda! Alles klar, die Beerdigung machen wir dann übermorgen." Dann ist man losgefahren und hat angefangen. Heute kennt keiner mehr eine „Frieda Müller". Heute ist das die Einäscherungsnummer 78516B. Heute hast du Fristen. Da muss eine Bestattung angemeldet werden. Das geht dann nur noch mit Sterbeurkunde. Bevor du die nicht hast und du nicht die ganzen Papiere ausgefüllt hast, darfst du nicht anfangen.

Wie gräbt man eigentlich das Loch für eine Beerdigung?

Mit dem Bagger. Mein Großvater und Vater haben das noch per Hand mit der Schippe gemacht, ich teilweise auch noch.

Wie lange dauert das denn, so ein Grab per Hand auszuheben?

Drei Stunden.

Und wenn ihr jetzt dabei noch Knochenreste findet?

Das passiert auch. Dann wird die Grabstelle tiefer ausgehoben, die Knochen hineingelegt und noch einmal Erde drauf gemacht.

Was findet ihr noch? Gebisse vielleicht?

Ja, zum Beispiel. Wir haben schon alles Mögliche gefunden. Auch Bomben, Waffen, Stahlhelme – alles aus dem 2. Weltkrieg.

Der Friedhof sieht eigentlich aus wie ein großer Garten.

Ja, hier bin ich auch mehr als in meinem eigenen Garten. Ich sage auch von meinem Beruf, dass er Erholung ist. Ich und meine Angestellten auf dem Friedhof, wir alle haben hier viel Spaß. Und wir haben wirklich ein gemeinsames Ziel: den Friedhof bestmöglich zu gestalten. Mir liegt am Herzen, dass der Friedhof noch in hundert Jahren steht. Deswegen möchte ich ihn langfristig erhalten und aus ihm jetzt auch so etwas wie einen Park machen. Manchmal, wenn ich morgens zur Arbeit gehe, setze ich mich erstmal auf die Bank.

Wir haben jetzt auch einen Begegnungsraum auf dem Friedhof, da ist so eine Art Wintergarten. Er ist beheizt, da stehen Getränkeautomaten und kleine Tische. Wenn gutes Wetter ist, schließe ich das immer auf. Dann können sich die Leute da treffen und quatschen. Die Omas verabreden sich immer erst hier und gehen dann zum Markt.

Also ist es eigentlich ziemlich lebendig hier.

Ja, genau. Letztens hat mich eine Frau zu sich gewunken. Sie meinte, ihr Mann wäre heute neunzig Jahre alt geworden. Sie hat dann zwei Plastikbecher rausgeholt und wir haben erstmal auf ihn angestoßen. Die nächsten zwanzig Minuten habe ich mit ihr dagesessen. Nachher habe ich sie gelöst und froh wieder nach Hause gehen sehen. Ich bin halt immer hier.

Dürfen Kinder auf den Friedhof?

Also eigentlich dürfen Kinder unter 14 nicht alleine auf den Friedhof, aber ich sehe das nicht so streng. Ich schmeiße keinen runter, der sich anständig verhält. Natürlich dürfen die auch Kastanien sammeln, und wenn ich gut drauf bin und die Eltern dabei sind, drehe ich eine Runde im Kipper mit denen. Wenn die aber auf 'nem Grab rumspringen, dann ist natürlich Schluss.

Dürfen Kinder auch zum Beispiel Roller fahren?

Ja, Fahrrad fahren auch. Wenn sie keinen umfahren!

Was bedeutet Totenruhe?

Also, ich kann dir nur sagen, was die Totenruhe für mich bedeutet. Ganz einfach: jemand, der im Grab liegt, soll seine Ruhe haben. Bei mir würde es zum Beispiel keine Umbettung von einem Grab in ein anderes geben. Wir hatten schon einmal, dass jemand hier bestattet war, und dann ist seine Frau nach Norddeutschland gezogen und wollte ihren Mann mitnehmen.

Das könnte man machen?

Das könnte man machen. Aber das ist für mich „Störung der Totenruhe". Die Körper sollen Zeit haben, sich zu zersetzen. Der ist hier vielleicht aufgewachsen und hat viele Jahre seines Lebens hier verbracht. Jetzt soll er auch in Ruhe hier liegen können.

Man hat hier manchmal die verrücktesten Geschichten: dass Leute ihren Mann umlegen lassen wollen, weil er an einem anderen Platz ein bisschen mehr Sonne hätte.

Bestattungsarten

Noch vor fünfzig bis hundert Jahren war es ziemlich normal, dass die Leute an dem einen Ort beerdigt wurden, an dem sie geboren wurden, gelebt haben und gestorben sind. Oft lagen auf dem Friedhof schon seit Generationen viele Mitglieder der Familien. Die Gräber wurden von den Verwandten mit Blumen bepflanzt, gepflegt und zu Fest- und Feiertagen regelmäßig besucht.

Heute ist es anders. Heute leben die Menschen einer Familie oft an unterschiedlichen Orten, manchmal sogar über die ganze Welt verstreut. Heute besteht die eigene Familie manchmal gar nicht aus Verwandten, sondern eher aus Freundinnen und Freunden. Und jede und jeder hat eigene Vorstellungen davon, was bei der Beerdigung wichtig ist. Klar ist: Ein toter Mensch muss bestattet werden. Er darf zum Beispiel nicht einfach im eigenen Garten vergraben werden.

Es gibt in den unterschiedlichen Ländern und Regionen so viele verschiedene Möglichkeiten der Bestattung. Manche sind bei uns erlaubt, andere nicht. Oder *noch* nicht. Und immer wieder gibt es neue Ideen. Hier findest du eine kleine Auswahl:

- **Seebestattung:** Eine Urne wird mit einem Schiff aufs Meer gefahren und ins Wasser gelassen. Die Urne löst sich dann im Wasser auf.

- **Kompostierung („Re-Erdigung“):** Der Körper wird innerhalb von vierzig Tagen in einem Spezialbehälter zu Erde umgewandelt. Die Erde muss danach bestattet werden, sie darf nicht ins Blumenbeet.

- **Luftbestattung:** Aus einem Flugzeug, einem Hubschrauber oder einem Heißluftballon heraus wird die Asche in alle Winde verstreut.

- **Almwiesenbestattung:** Die Asche wird in den Bergen auf einer Almwiese verstreut oder vergraben.
- **Baumbestattung:** Die Asche wird mit Erde vermischt, so dass ein junges Bäumchen hineingesetzt werden kann. Nach ein paar Wochen Wachstumszeit kann es im eigenen Garten ausgepflanzt werden und weiter wachsen.
- **Urne mit der Asche nach Hause nehmen und dort aufbewahren**
- **Auflösung („Hydrolyse"):** In wenigen Stunden wird der Körper in einer chemischen Flüssigkeit aufgelöst. Nur ein paar Knochenstückchen und Flüssigkeit bleiben übrig.
- **Felsbestattung:** Die Asche wird unter oder bei einem Felsen in der Natur vergraben.
- **Weltraumbestattung:** Ein Teil der Asche wird mit einer Rakete in die Umlaufbahn der Erde geschossen. Achtung: Weil nur selten Raketen ins All starten, gibt es überaus lange Wartezeiten. Am besten sollte man sich also rechtzeitig um einen Platz kümmern und dazu noch reich sein.
- **Diamantenbestattung:** Aus einem Teil der Asche wird ein Diamant gepresst, den man später als Ring oder Anhänger tragen kann. Auch aus einer Haarlocke kann man Diamanten herstellen.

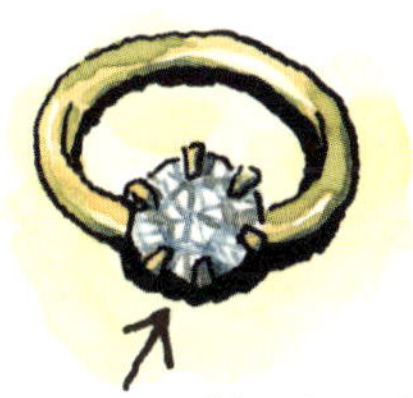

Onkel Herbert

WENN TIERE STERBEN

Die meisten Tiere werden nicht so alt wie Menschen. Ihr Körper wird mit den Jahren schwächer, und irgendwann sterben sie. Manche Haustiere werden aber auch mitten im Leben sehr krank oder von einem Auto angefahren. Manchmal wird auch entschieden, ein Tier einschläfern zu lassen. Es soll keine Schmerzen mehr haben und bekommt eine Spritze, von der es dann friedlich stirbt. Für Menschen ist der Tod ihres Haustiers oft ein sehr trauriges Ereignis. Plötzlich ist das geliebte Tier nicht mehr lebendig. Jeden Tag war es da, man hat es gestreichelt und mit ihm gesprochen. Es war ein richtiges Familienmitglied. Die meisten kleineren Haustiere darf man im eigenen Garten beerdigen. Das Loch muss dafür ausreichend tief und im richtigen Abstand zu anderen Grundstücken sein.

Auch Tierärzte können die toten Tierkörper entgegennehmen. Sie geben sie dann weiter in eine Verbrennungsanlage.

In einem speziellen Tier-Krematorium kann man sein totes Tier auch verbrennen lassen und die Asche in einer Urne mitnehmen. Die menschlichen Besitzer können sie auf einer Wiese verstreuen, in ihrem Garten vergraben oder in einer Tier-Urne in ihr Wohnzimmer stellen. Es gibt extra Tierfriedhöfe, auf denen man ein Grab für sein Haustier mieten kann.

Man kann auch die Asche seines Haustieres mit nach Hause nehmen, um sie später als Grabbeigabe mit ins eigene Grab legen zu lassen.

★ URNENGALERIE ★

★ SARGGALERIE ★

Natur pur: Sarg aus Pilzgeflecht
(Körper wird darin zügig zu Kompost)
Mit weichem Moosbett!
Sarg zum Selbstbemalen
Zinksarg für den Transport per Schiff, Flugzeug oder Eisenbahn
Kindersarg
Luftdicht verschlossen
„Schneewittchensarg"
(Kühlvitrine für Särge)
Idee für die Zukunft:
Körper wird in ein Torf-Ei eingehüllt und eingepflanzt
oben wächst ein Baum heraus

In den allermeisten Gegenden in Deutschland gibt es immer noch eine „Sargpflicht", das bedeutet: Jeder Mensch muss in einem eigenen Sarg beerdigt oder verbrannt werden. Durch diese und noch viele andere Vorschriften soll sichergestellt werden, dass ein Mensch auch im Tod würdevoll und mit Respekt behandelt wird.

Nach muslimischer oder auch jüdischer Tradition werden die Toten nicht in einem Sarg, sondern in Leinentücher gewickelt bestattet. Auf immer mehr Friedhöfen ist das inzwischen auch in Deutschland erlaubt.

★ IN EINEM SARG ★

In einem Leichenwagen werden Tote transportiert. Oft sind das große, lange Kastenwägen, die man an ihrer schicken schwarzen Lackierung und den gefalteten Gardinen vor den Fensterscheiben erkennt – damit niemand von außen hineinschauen kann. Es gibt aber immer mehr Bestattungsunternehmen, die ganz normale Fahrzeuge haben.

Hauptsache, sie sind groß genug für einen oder auch manchmal mehrere Särge. Sie sind dann vielleicht weiß oder bunt, und auf den ersten Blick kann man oft gar nicht erkennen, was für eine besondere Fracht sie gerade durch die Gegend fahren. Innen gibt es ein Schienensystem am Boden, über das ein Sarg bequem von der Transportbahre in den Wagen hineingeschoben werden kann.

Ebenso werden Urnen, Blumengestecke, Deko und Kerzen in einem Bestattungsfahrzeug transportiert. Vor der Fahrt wird dann alles gut gesichert, damit auf holprigen Straßen auch nichts verrutscht.

Auch mit dem Fahrrad kann man einen Toten im Sarg gut und sicher transportieren. Das gibt es noch ziemlich selten, ist dafür aber umweltfreundlich.

Barbara und Julia erzählen

Barbara und Julia sind Mutter und Tochter, sie haben beide denselben Beruf: Sie sind Bestatterinnen. Wenn ein Mensch gestorben ist, rufen seine Verwandten oder Freunde bei den beiden an. Sie wissen genau, was im Falle eines Todes zu tun und zu organisieren ist. Sie kümmern sich darum, dass die Toten versorgt sind, bis sie beerdigt werden. Auch die Beerdigung organisieren sie. Vor allem wissen sie, wie wichtig es ist, mit den Trauernden zu sprechen.

Haben die Leute auch manchmal Angst, zu euch zu kommen?

J: Für die Leute ist es oft das erste Mal, dass sie zu einem Gespräch in ein Bestattungsinstitut kommen. Die sind oft total überrascht, dass es bei uns so hell ist, dass Blumenbilder an der Wand hängen. Auch, dass ich jung bin und ganz normal angezogen. Viele haben andere Bilder im Kopf: blasser und alter Bestatter mit schlecht sitzendem Anzug, dazu überall Spinnweben in der Ecke.

Was findet ihr schön an eurem Beruf?

J: Wir können Menschen helfen. Das ist meine größte Motivation. Ich habe vorher in einem Büro am Schreibtisch gearbeitet, da habe ich mich so unnütz gefühlt.
Bestatterin ist ein so vielfältiger Beruf, weil ich immer wieder mit neuen Menschen zu tun habe. Es geht nicht so viel um die Toten. Es geht eigentlich eher um die, die dazu gehören. Man muss einen guten Draht zu Menschen haben. Auch zu denen, die mit uns arbeiten: die Friedhofsgärtner, die Angestellten am Friedhof, die Bürokräfte, die die Papiere fertig machen, die Krematoriumsmitarbeiter und so weiter.

Sollte man bei einer Beerdigung schwarze Kleidung tragen?

B: Das ist heute nicht mehr wie früher. Heute sind viele Angehörige auf Beerdigungen nicht schwarz angezogen. Vielleicht auch, weil sie das einfach nicht im Schrank haben. Früher hat

man sich sogar extra für die Beerdigung neue Kleidung gekauft.
J: Ich finde solche Veränderungen gut. Es ist doch okay. Das Leben geht ja weiter. Nur, weil man Schwarz trägt, ist das ja nicht unbedingt ein Zeichen, dass man traurig ist. Ich kann ja auch Pink tragen und bin trotzdem traurig.
Manchmal tragen aber auch heute die älteren Frauen noch 6 Wochen nach der Beerdigung nur Schwarz.

Dürfte man auch nackt beerdigt werden?
B: Na klar, wenn du das willst, geht das. Ich finde aber, das ist unwürdig. Ich persönlich möchte auch, dass da jemand ordentlich zugedeckt ist. Aber theoretisch darf man auch nackt sein.
J: Ich könnte das nie so machen! Das hat ja auch mit Menschenwürde zu tun, dass man die Toten anzieht und sie schön in den Sarg legt.

Bevor der Sarg verschlossen wird, können sich die Verwandten und Freunde noch einmal von ihrem toten Menschen verabschieden. Manchmal legen sie ihm noch ein Andenken dazu.
B: Die meisten Leute legen Fotos in den Sarg, oder einen selbst geschriebenen Brief oder selbst gemalte Bilder.
J: Letztens hatte eine Frau einen Berliner Ballen bei sich. Das war an Karneval. Das haben wir noch nie erlebt. Die Frau mochte so gerne Karneval – und dann lag da halt ein Krapfen auf ihrer Decke.

Sollte man einen toten Menschen noch einmal anschauen, um sich zu verabschieden?
B: Innerhalb der Familien gehen die Leute ganz unterschiedlich mit Abschieden um. Die einen sagen: „Natürlich möchte ich noch einmal Abschied nehmen! Ich möchte sehen und fühlen, dass mein Angehöriger oder Freund tot ist." Die anderen möchten den toten Menschen auf keinen Fall sehen.

Manchmal kommen sie dann zum Friedhof. Und wenn die ersten vor der Beerdigung aus der Trauerhalle herauskommen und sagen: „Das ist nicht schlimm. Der sieht ganz gut und friedlich aus", dann trauen sich die anderen auch rein. Ich würde nicht sagen: Das eine ist gut und das andere ist schlecht. Es ist eine ganz persönliche Entscheidung.

Verabschiedest du dich auch von den Toten?
B: Wir kennen natürlich viele Leute hier im Ort. Wenn wir einen Sarg zumachen, denke ich oft: „Oh, sie sieht genauso aus, wie ich sie gekannt habe. Sie hat sich kaum verändert. Jetzt mach ich mal den Sarg zu und lasse sie in Ruhe da liegen." Man nimmt dann noch einmal bewusst Abschied und guckt den Menschen noch einmal an.

Habt ihr auch schon Ungewöhnliches bei einer Beerdigung erlebt?

B: Meistens gibt es nicht so viel Ungewöhnliches. Jede Trauergemeinschaft verabschiedet sich auf ihre Weise. Einmal hat eine Frau am Grab aus ihrem Rucksack eine Flasche Schnaps und ein paar Gläser herausgeholt. Alle haben dann auf den Verstorbenen angestoßen. Ein anderes Mal hat ein Freund ein Kartenspiel ins Grab seines Kumpels geworfen, weil sie immer zusammen Skat gespielt haben. Manchmal werden auch Seifenblasen in die Luft gepustet oder Luftballons in den Himmel geschickt.

Gibt es andere besondere Wünsche?

Ein großes Thema ist immer, ob die Leute die Urne mit der Asche des Verstorbenen mit nach Hause nehmen dürfen. Das kennen viele aus Filmen. Das darf man in Deutschland aber nicht. Die meisten denken auch nicht daran, was mit der Urne passieren würde, wenn sie selbst einmal sterben. So eine Urne ist kein Möbelstück, das man irgendwann zum Sperrmüll geben kann. Darin befindet sich die Asche eines geliebten Menschen.

Was machen Kinder auf einer Beerdigung?

B: Oft stehen bei uns die Kinder in der ersten Reihe. Besonders interessant ist es für sie natürlich, wenn die Urne oder der Sarg hinuntergelassen werden. „Boah, ist das tief!", hört man dann plötzlich. Und dann können sie die Schippe nehmen und Erde ins Grab werfen oder auch Blumen. Meist gehen sie ganz stolz vom Grab weg mit dem Gefühl: Ich habe auch etwas gemacht. Ich habe geholfen.

Und was ist, wenn Kinder sterben?

B: Ich erinnere mich an die Beerdigung eines Fünfjährigen. Er hatte eine Krankheit am Herzen, von der vorher niemand etwas wusste. Für alle war das ganz schlimm. Ich habe gedacht: Was manche Menschen aushalten müssen! Auch für uns war das ganz schlimm und traurig. Er hatte einen

Schlafanzug an und wurde in seine Feuerwehrbettwäsche gelegt. Das erschüttert einen sehr. Alle, die da waren, haben geweint, auch wir. Der Vater hat eine Diashow über seinen Sohn gemacht. Der ganze Kindergarten war dabei. Wenn ich jetzt daran denke, muss ich wieder weinen.

Du bist oft auf dem Friedhof. Denkst du daran, dass da überall Tote liegen?

B: Wenn ich zum Beispiel am Grab meiner eigenen Eltern stehe, denke ich überhaupt nicht daran, dass da unten in zwei Meter Tiefe Skelette oder Knochen liegen. Ich denke an meine Eltern, wie sie waren. Ich sehe die beiden in ihren Särgen liegen.

Was dürfen Kinder auf dem Friedhof und was dürfen sie nicht?

J: Manchmal sehe ich Kinder auf den Gräbern Fangen spielen, Rad schlagen. Die Eltern sitzen auf der Bank daneben. Auf den Wegen ist das kein Problem. Es ist lebendig, wenn Kinder lachen und spielen. Ein Friedhof ist aber auch eine Ruhestätte. Für uns gilt der Spruch: „Dienst den Lebenden und Ehre den Toten." Auf einem Friedhof ehrst du die Verstorbenen.

B: Oft sind es eher die Erwachsenen, die mich ärgern. Wenn während einer Beerdigung zum Beispiel einer gerade sein Grab pflegt und laut das Wasser in seine Gießkanne laufen lässt. Das stört die Menschen, die gerade Abschied nehmen.

Wenn früher ein Trauerzug vorbeigezogen ist, war es ganz normal, dass die anderen Leute stehen geblieben sind, den Hut vom Kopf gezogen und den Kopf gesenkt haben. Das ist heute eher selten. Für mich ist das eine schöne Art der Wertschätzung.

Wann hast du deinen ersten Toten gesehen?

J: Als ich ungefähr acht Jahre alt war, hat meine Mutter mich irgendwann mit in die Totenhalle genommen, denn da hat sie ja gearbeitet. Sie musste den Deckel eines Sarges noch zumachen und hatte mir gesagt, ich solle solange am Eingang stehen bleiben. Aber ich war natürlich neugierig und bin einfach mitgelaufen. Da lag eine alte Frau im Sarg. Ich fand das jetzt nicht cool, aber auch nicht dramatisch. Sie sah ganz normal aus, ein bisschen wie meine eigene Oma.

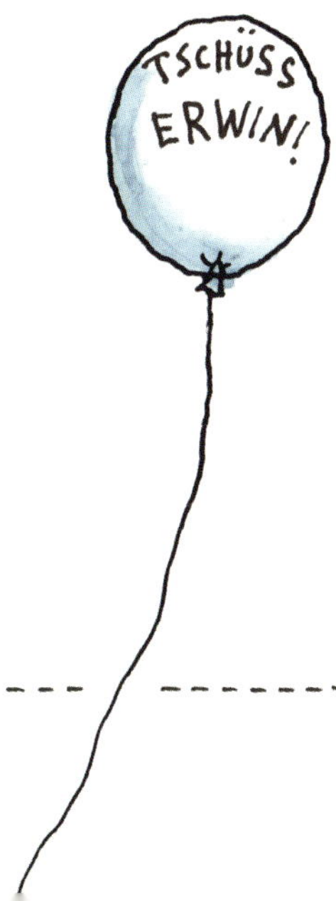

Eine Beerdigung – viele Entscheidungen

Jede Beerdigung ist anders, weil jeder Mensch in seinem Leben einzigartig war.

Manchmal hat er sich selbst vor seinem Tod schon Gedanken zu seiner Beerdigung gemacht. Er hat vielleicht die wichtigsten Wünsche aufgeschrieben oder mit einem vertrauten Menschen besprochen. In den meisten Fällen überlegen diejenigen, die zurückbleiben, wie es der oder dem Toten wohl gefallen würde. Und auch, wie sie es selbst am besten finden. Für sie sollte sich die Art des Abschieds gut und richtig anfühlen. Denn wie es schließlich gemacht wird, ist höchstwahrscheinlich für den Verstorbenen selbst dann nicht mehr so wichtig.

Eine Beerdigung kostet zudem viel Geld. Während die einen schon zu Lebzeiten dafür gespart haben, möchten es andere lieber so preiswert wie möglich halten.

WIE WÜRDEST DU ENTSCHEIDEN?

- Sarg (Erdbestattung) oder Urne (Feuerbestattung)?
- Welcher Sarg? Welche Urne?
- Welche Kleidung soll der oder die Verstorbene im Sarg tragen: Lieblingskleidung? Uniform? Totenhemd? Sporttrikot? Abendkleid?
- Soll er oder sie geschminkt oder frisiert werden oder besonderen Schmuck tragen?
- Sollen sich Freunde und Familie noch einmal bei der oder dem Toten verabschieden können? Soll sie oder er aufgebahrt werden?
- Wer wird informiert? Soll es in der Zeitung stehen oder im Internet veröffentlicht werden?
- Soll es eine Trauerfeier geben? Wo? Auf dem Friedhof? Zu Hause? Im Bestattungsinstitut? Als Picknick im Park? Und wann?
- Wer wird zur Trauerfeier eingeladen? Nur der engste Freundes- und Familienkreis? Die Nachbarn? Die alten Schulfreundinnen?
- Sollen Karten gedruckt werden? Was steht auf den Karten: Ein schöner Spruch? Foto(s)? Ein selbst gemaltes Bild? Erinnerungen?
- Sollen alle, die kommen, sich besonders anziehen? Schwarze Kleidung? Bunte Kleidung? Festlich? Alltagskleidung? Motorradkluft?
- Welche Dekoration soll es sein? Welche Blumen? Blütenblätter? Blumenkränze? Kerzen? Bilder? Luftballons? Schleifen? Tücher? In welchen Farben?
- Sollen alle, die kommen, Erinnerungen mitbringen?
- Wird ein Foto der oder des Verstorbenen aufgestellt? Wenn ja, welches?
- Werden Erinnerungsfotos gezeigt?
- Welche Musik soll abgespielt werden? Gibt es Lieblingslieder? Möchte jemand etwas vorspielen? Soll gemeinsam ein Lied gesungen werden?
- Wer soll etwas sagen: Freunde? Verwandte? Eine Trauerrednerin? Ein Pfarrer? Soll ein Lieblingsgedicht oder eine Geschichte vorgelesen werden?
- Wo trifft man sich nach der Beerdigung? Zu Hause? Im Café? Im Wirtshaus? Im Park? Gar nicht?
- Soll es dort etwas zu essen und zu trinken geben? Wenn ja, was: Kaffee und Kuchen? Mitgebrachtes? Schweinebraten und Spätzle? Cola und Chips?

Es kann einem ganz schwindelig werden vor lauter Entscheidungen. Bestatterinnen und Bestatter können helfen, den Abschied passend zu gestalten. Auch ist es gut, wenn die oder der Verstorbene vorher klargemacht hat, wie sie oder er es sich vorstellt.

Eine typische Beerdigung

Jede Beerdigung läuft ein bisschen anders ab. Immer geht es darum, einen Menschen gut und passend aus dem Leben zu verabschieden. Zum Beispiel so:

Zum letzten Abschiednehmen treffen sich Familie, Freundinnen und Bekannte auf dem Friedhof. Viele von ihnen haben sich schon lange nicht mehr gesehen, manche lernen sich erst heute kennen. Alle spüren, dass dies ein besonderer Moment ist. Einige umarmen sich still und weinen, manche bleiben lieber für sich. In einem kleinen Raum findet die Beerdigungsfeier statt. Ganz vorne steht der Sarg oder die Urne. Drum herum sind Blumen und Kerzen und oft auch ein großes Foto der gestorbenen Person aufgestellt.

Wie in einer Kirche erzählt eine Rednerin oder ein Pfarrer dann noch einmal von ihrem Leben: was ihr wichtig war, welche Erlebnisse schön waren und was vielleicht auch schwierig für sie war. Auch Musik wird gespielt. Alle können sich daran erinnern, was für ein besonderer Mensch da einmal gelebt hat.

Danach gehen alle gemeinsam zum Grab, wo die Urne oder der Sarg langsam nach unten gelassen werden. Hier gibt es die Möglichkeit, noch einmal in Ruhe an das Grab zu treten und sich zum letzten Mal persönlich zu verabschieden. Wer mag, wirft Blüten oder etwas Erde hinterher.

Anschließend gehen die Trauergäste gemeinsam zum „Leichenschmaus", wo sie in einem nahegelegenen Gasthaus oder Café noch ein Weilchen zusammensitzen. Nach und nach wird es dann auch wieder lebhafter unter den Trauernden. Sie essen und trinken gemeinsam, tauschen Erinnerungen aus und freuen sich an mitgebrachten Fotos.

Für die engen Verwandten und nahen Freunde steht die Beerdigung am Ende einer anstrengenden Zeit. Seit der Todesnachricht mussten sie jede Menge organisieren und entscheiden. Wenn alles vorbei ist, sind sie wieder allein mit ihren Gedanken und Gefühlen. Meist wird ihnen erst jetzt so richtig klar, wie sehr der verstorbene Mensch in ihrem Leben fehlen wird. Gut, wenn Freundinnen und Freunde da sind, die immer wieder vorbeikommen und ab und zu etwas zu essen und vor allem Zeit mitbringen.

Wir haben uns heute hier versammelt, um Abschied zu nehmen ...

Cäcilie erzählt

Cäcilie ist Pfarrerin. In dem Ort, in dem sie mit ihrer Familie wohnt, macht sie auch Beerdigungen. Sie beerdigt vor allem Leute, die hoffen, dass sie nach dem Tod irgendwie zu Gott kommen. Cäcilie spricht mit den Familien und Freunden. Sie macht sich viele Gedanken darüber, wie sie den Abschied gemeinsam gestalten können – zum Beispiel welche Musik passend ist oder welche Worte trösten können.

Wie machst du eine Beerdigung?

Ich mache meist einen kurzen Gottesdienst zum Abschiednehmen. Auf dem Friedhof gibt es so eine kleine Kirche, die nennt man Kapelle. Dort erinnert man sich an den Verstorbenen. Es gibt eine Rede über sie oder ihn und es wird gesungen und gebetet. Manchmal sagt man „Danke" für das lange schöne Leben. Manchmal sind die Menschen auch ganz durcheinander, weil zum Beispiel der Tod ganz plötzlich kam und alle viele Fragen haben.

Worum geht es in der Rede?

In der Rede versuche ich, zu beschreiben, was typisch war für die Person. Die meisten Verstorbenen waren ja keine Trauerklöße, sondern Menschen wie wir, die auch lustige Seiten hatten. Am schönsten sind die Beerdigungen, bei denen die Leute auch lachen können. Sie denken dann zurück: „Ja, so war er oder sie wirklich!"
Und dann versuche ich einen Bibelspruch zu finden, der irgendwie zum Leben des Verstorbenen passt. Am Ende kommt immer der Ausblick: Was ist jetzt? Wir wissen ja nicht, was ist. Aber Christen glauben: Da, wo er jetzt ist, ist er bei Gott und es ist gut für ihn.

Gibt es mehr Urnen oder mehr Särge?

Die meisten Beerdigungen, die ich mache, sind Urnenbeisetzungen. In der Kapelle steht neben der Urne dann fast immer ein Bild. Für mich ist es ein Unterschied, ob eine Urne oder ein Sarg da steht. Ein Sarg ist so groß, da liegt ein ganzer Mensch drin. Einen Sarg dann ins Grab hinunterzulassen und zuzuschaufeln, das ist schon schlimm. Bei einer Urne kann man denken: „Das ist ja jetzt gar nicht mehr richtig der Hans Meier oder so, sondern nur seine Asche." Klar, da sind die Menschen auch traurig und verabschieden sich, aber da ist das Schlimme vielleicht nicht mehr ganz so nah.

Was ist bei Beerdigungen anders geworden?

Früher wurde bei Beerdigungen immer gesungen. Hier in der Stadt wird aber gar nicht mehr gesungen, weil die Menschen die Lieder kaum kennen. Vielleicht haben sie auch Angst, dass sie nicht singen können, weil sie zu traurig sind. Die meisten Menschen bringen lieber eine CD oder Lieder auf dem Handy mit. Wenn ein Lieblingslied des Verstorbenen

gespielt wird, zeigt das etwas von ihm, das ich mit Worten nicht sagen kann. Ich habe ihn oder sie ja meistens gar nicht gekannt.

Sollten Kinder zur Beerdigung mitkommen?

Es gibt viele Erwachsene, die Kinder erst gar nicht zur Beerdigung mitnehmen, weil sie meinen, dass das für die Kinder zu schlimm ist. Vielleicht haben sie auch Angst, dass die Kinder stören. Ich finde es wichtig, dass Kinder mitkommen. Weil es zum Leben dazugehört und weil sie verstehen müssen, dass der Mensch jetzt tot ist. Für mich ist es schön, Kinder bei einer Beerdigung zu sehen, weil man sehen kann, dass das Leben weitergeht. Ich hatte zum Beispiel eine Beerdigung, da hatte die Oma allen ihren Enkeln früher blauweiße Fischerhemden geschenkt. Die Enkel, die bei der Beerdigung schon erwachsen waren, haben ihren eigenen kleinen Kindern diese Hemden wieder angezogen. Man konnte daran sehen: Die Oma lebt auch ein Stück weiter. Sie hat das, was ihr wichtig war, an ihre Enkel weitergegeben und sie haben es wiederum an ihre Kinder weitergegeben.

Gibt es Kinder, die nicht mitkommen wollen auf die Beerdigung?

Kinder sollten nur freiwillig zu einer Beerdigung gehen. Ich glaube eigentlich, dass Kinder eher Interesse daran haben. Es ist ja auch spannend, jemanden tot zu sehen. Kinder sind neugierig und wollen zum Beispiel fühlen, ob der Tote auch wirklich kalt ist.

Hast du schon einmal erlebt, dass jemand bei der Beerdigung ganz laut weinen musste?

Ich erlebe das manchmal bei Kindern, wenn sie zum Beispiel am Grab der Großeltern stehen Die schüttelt es manchmal

richtig, oder sie schluchzen laut. Das tut mir selbst richtig weh. Da ist es dann toll, wenn es Verwandte gibt, die sie in den Arm nehmen und trösten.
Aber auch Erwachsenen geht es so. Ich finde es gut, wenn sie das zulassen können, wenn sie gerade so fühlen. Wann, wenn nicht in einer solchen Situation? Es gibt aber auch Menschen, die einfach gar nicht so sehr traurig sind. Oder die einfach sagen: „Sie hatte ein gutes und langes Leben. Jetzt war sie krank und der Tod war auch eine Erlösung." Das ist auch in Ordnung.

Musst du bei Beerdigungen manchmal auch selbst weinen?
Wenn ich am Grab stehe und sehe, wie die Leute Abschied nehmen, dann werde ich auch manchmal traurig und mir kommen die Tränen. Dann hilft es, in die Bäume oder ein bisschen auf den Friedhof zu gucken. Oder ich denke an etwas völlig anderes, zum Beispiel an das Lied (singt): „Ti amo …" – und dann muss ich nicht mehr weinen.

Hast du auch schon einmal allein eine Beerdigung gemacht?
Es kommt in der Stadt immer mal vor, dass wir keine Angehörigen finden, zum Beispiel bei Obdachlosen. Dann machen wir trotzdem eine Trauerfeier. Allerdings nicht mit Gottesdienst und Rede, sondern einfach am Grab. Wir versuchen dann, aus der Gemeinde Menschen zu finden, die mitkommen. Der Mensch vom Friedhof trägt die Urne genauso würdevoll, wie er es sonst auch macht. Der Verstorbene bekommt den Segen und so beerdigen wir ihn natürlich kurz, aber trotzdem feierlich. Man fragt sich nachher schon, warum da gar kein Mensch zur Beerdigung kommt. Das ist auch traurig. Trotzdem sind da bestimmt irgendwo Menschen, die ihn vermissen – hoffe ich.

Kannst du dich an deinen ersten Toten erinnern?
Meine Großmutter war die erste Tote, die ich gesehen habe. Da war ich gerade zehn Jahre alt. Sie wurde aufgebahrt. Ich fand komisch, dass sie so gelbe Hände hatte und so eine weiße Spitzenbettdecke, die aussah wie ein Kommunionskleid. So eins hätte sie im Leben nie angehabt. Ich fand auch den Sarg komisch, in dem sie lag.

Danke, Cäcilie, für das Gespräch!
Warte, mir fällt gerade noch eine witzige Sache zum Thema Beerdigung ein: Ich war einmal als Gast auf einer Beerdigung. Der Sarg stand vorne, schon aufgestellt. Plötzlich gab es während der Ansprache einen Mordsschlag im Sarg! Man hat gemerkt, wie alle zusammengezuckt sind. Es klang echt so, als hätte jemand von innen gegen den Sarg geschlagen. Der Pfarrer hat dann einfach weitergeredet und nach der Ansprache gesagt, dass das Holz manchmal arbeitet und es diese Geräusche geben kann. Das war was!

Ich will nicht, dass sie tot ist.
Wenigstens hat sie jetzt keine Schmerzen mehr
Sie war die allerbeste Oma!
Ich muss dir was sehr Trauriges sagen...
Seid ihr soweit? In 15 Minuten müssen wir beim Bestattungsdienst sein!
MATHE
Hausaufgaben
Ich muss noch schwarze Strumpfhosen kaufen.
Ich muss noch beim Café Blume reservieren.
Hier gefällt's ihr bestimmt.
Ich dachte, ihr könnt eine kleine Stärkung gebrauchen?!
Wie lieb! Danke.
Sie hatte so einen trockenen Humor!
Ja! Bis zum Schluss.
Manchmal war Oma aber auch ganz schön streng!
Trauerrednerin macht sich Notizen
Gertrude Mertens hast du?
Ja.
Kennt jemand Tonio Lopez? Sollen wir den einladen?
Hört die Beerdigungs-Playlist durch...

Da lachst du dich kaputt!

Die Trauerrednerin: *„Wir nehmen Abschied von einem ehrlichen Geschäftsmann, einem guten Vater, einem treuen Ehemann …“*
Flüstert ein Trauergast einem Freund zu:
„Lass uns gehen, wir sind auf der falschen Beerdigung.“

Bei der Beerdigung eines Freundes werfen alle nacheinander eine Rose ins Grab.
Otto schmeißt als letzter eine Papiertüte hinein.
„Was war denn das?!“, fragt einer.
„Ein Käsebrot.“
„Spinnst du?! Der kann das doch gar nicht mehr essen!“
„Meinst du etwa, er stellt deine Rose in die Vase?“

Was spielt man bei der Geburtstagsfeier eines Bestatters?
Sarghüpfen

Endspiel Europameisterschaft. Frido geht ins Fußballstadion und sieht, dass noch ein Platz frei ist.
„Komisch!“ denkt er. *„Wer würde sich denn so ein Spiel entgehen lassen?“*
Schließlich fragt er den Mann neben dem freien Platz.
Dieser erklärt: *„Der Platz war eigentlich für meine Frau. Aber sie ist leider gestorben.“*
Frido: *„Oh, das tut mir leid! Sie hätten dafür doch einen Verwandten oder Freund mitbringen können.“*
„Das wollte ich ja. Aber die sind gerade alle auf der Beerdigung.“

Was steht auf dem Grabstein eines Autohändlers?
Er ist unter die Räder gekommen.

Was steht auf dem Grabstein eines Wanderers?
Er ist zu weit gegangen.

Was steht auf dem Grabstein einer Mathelehrerin?
Damit hatte sie nicht gerechnet.

Was steht auf dem Grabstein eines Hausmeisters?
Er kehrt nie wieder.

Was steht auf dem Grabstein eines Uhrmachers?
Sein letztes Stündlein hat geschlagen.

Was steht auf dem Grabstein einer Betrügerin?
Sie wurde reingelegt.

Was steht auf dem Grabstein eines Deutschlehrers?
Es hat ihm die Sprache verschlagen.

Was steht auf dem Grabstein eines Elektrikers?
Ihn hat der Schlag getroffen.

Was steht auf dem Grabstein eines Geisterfahrers?
Entgegenkommend bis zuletzt.

Was steht auf dem Grabstein einer Gärtnerin?
Sie hat ins Gras gebissen.

Was steht auf dem Grabstein eines Kochs?
Er hat den Löffel abgegeben.

Was steht auf dem Grabstein einer Jägerin?
Sie ist nun in den ewigen Jagdgründen.

Was steht auf dem Grabstein eines Bäckers?
Der Ofen ist aus.

Was steht auf dem Grabstein einer Pfarrerin?
Sie hat das Zeitliche gesegnet.

Was steht auf dem Grabstein eines Zahnarztes?
Er hinterlässt eine schmerzliche Lücke.

Was steht auf dem Grabstein einer Marktfrau?
Sie schaut sich die Radieschen von unten an.

Was steht auf dem Grabstein einer Anwältin?
Sie steht vor dem Jüngsten Gericht.

Was steht auf dem Grabstein eines Augenarztes?
Er hat für immer die Augen geschlossen.

TRAUERN

Plötzlich ist alles anders

Wenn man die Nachricht bekommt, dass ein naher Mensch gestorben ist, gerät das gewohnte Leben durcheinander. Es bleibt wenig Zeit, die Beerdigung zu organisieren. Manchmal vergessen die Erwachsenen einzukaufen, oder sie schlafen mitten am Tag auf dem Sofa ein, weil sie in der Nacht keine Ruhe gefunden haben. Dann gibt es wieder plötzlich Momente, in denen man nicht glauben kann, dass das alles wirklich wahr ist. Die Neuigkeit selbst fühlt sich an wie ein unsichtbarer Rucksack, den man von nun an mit sich herumschleppt. Hin und wieder wundert man sich, dass die anderen Leute ihn nicht bemerken und ihn nicht sehen können. Alle anderen scheinen nämlich weiterzuleben wie sonst auch.

Wer den Tod eines nahen Menschen oder auch eines geliebten Tieres erlebt, möchte oft am liebsten die Zeit zurückdrehen. Alles soll wie immer sein! Aber so ist es nicht. Für alle, die Trauernden und ihre Freundinnen und Freunde, ist das eine schwere Situation.

Oft weiß niemand genau, was nun das Beste ist. Man kann aber versuchen, genau das für sich herauszufinden.

Trauergefühle

Trauer ist viel mehr, als nur traurig zu sein. Trauer ist wie die Liebe: ein großes Gefühl, das man nur schwer beschreiben kann.

Eigentlich besteht Trauer aus vielen einzelnen Gefühlen, die einfach kommen und gehen. Sie sind zu unterschiedlichen Zeiten unterschiedlich stark. Bei jeder und jedem ist es anders.

Zur Trauer gehört Weinen, Heulen und Schluchzen. Manchmal ist die Verzweiflung so groß, dass man sich gar nicht mehr vorstellen kann, dass das eigene Leben irgendwann noch einmal schön wird. Manchmal muss man weinen, weil alle anderen um einen herum so verzweifelt sind. Weinen ist ansteckend. Es kann auch richtig guttun.

Trauer kann lähmen und einen Menschen stumm machen. Dann möchte man mit niemandem reden und findet auch keine Worte für das, was man fühlt.

Oft hat man plötzlich das miese Gefühl, ganz gemein verlassen worden zu sein. Ohne Vorwarnung kann man dann richtig wütend und sauer werden.

Wenn man trauert, kann man auch aufdrehen und alberne Witze machen. Dann kommt man sich vielleicht komisch vor, weil man doch eigentlich traurig sein müsste.

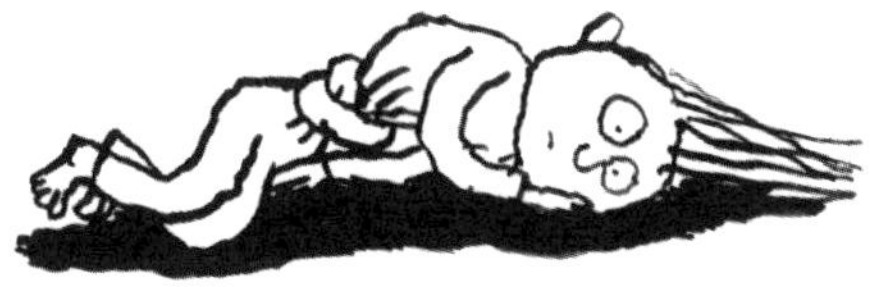

Angst gehört ebenso zur Trauer. Viele haben auf einmal Sorge, dass noch andere aus der Familie oder dem Freundeskreis sterben könnten.

Trauer kann körperlich wehtun. Manche bekommen Bauch- oder andere Schmerzen.

Man kann in der Trauer auch Erleichterung fühlen. Die Zeit der Sorgen und Ängste um einen Menschen war schlimm. Nun ist mit dem Tod endlich alles klar.

Und wenn der Verstorbene ein gemeiner Mensch war, kann es sein, dass man sich nach dem Tod endlich freier fühlt.

Trauer ist anstrengend. Sie kann schlapp und müde machen.

Manche spüren gar nichts von alldem. Sie machen sich dann vielleicht Gedanken, dass sie eigentlich mehr fühlen müssten. Sie trauern trotzdem.

Diese vielen Gefühle entstehen, weil ein Mensch, der wichtig und besonders war, nicht mehr da ist. Jedes davon ist richtig. Auch wenn es manchmal schlimm und schwierig ist, es zu fühlen.

TOM
AUF OMA!

WAS HELFEN KANN

- Erinnerungsstücke aufbewahren: Kleidung, die noch nach dem/der Verstorbenen riecht, die Uhr, die sie immer am Arm trug, das Bild, das über seinem Schreibtisch hing
- Orte aufsuchen: die Parkbank, der Spielplatz, das Grab, der Werkraum im Keller, ein Platz am Fluss
- Musik hören: Lieblingslieder, Lieder mit tröstenden Worten, die Partyhits, zu denen man früher zusammen getanzt hat
- Fotos aufstellen, aufhängen: Erinnerungen an gemeinsame Erlebnisse, Urlaubsfotos, das letzte schöne Beisammensein
- Einen kleinen Tisch oder die Fensterbank mit Erinnerungen und einer Kerze schmücken
- Gemeinsam mit anderen Fotos oder Handy-Filmchen aus Lebenszeiten anschauen oder Sprachnachrichten noch einmal hören
- Das Lieblingsessen der/des Verstorbenen kochen
- In einem Schatz-Kästchen kleine Andenken sammeln
- Einen Erinnerungsabend mit Freundinnen und Freunden oder der Familie machen
- Sich Zeit nehmen
- Am Geburtstag des/der Verstorbenen einen Kuchen backen und auf sie/ihn anstoßen
- Bilder malen
- Freundinnen und Freunden erzählen, wenn man gerade traurig ist
- Blumen: aufs Grab stellen, heimlich irgendwo aussäen, pflücken
- In ein schönes Buch schreiben: Erlebnisse, gemeinsame Abenteuer, „Das habe ich von dir gelernt“
- Sekunden-Andenken: Seifenblasen pusten, Wunderkerze anzünden
- Eine Haarlocke aufbewahren
- Eine Flaschenpost verschicken
- In einer Kirche oder im Internet eine Kerze anzünden
- Auf sozialen Netzwerken seine Trauer mit Freundinnen und Freunden teilen
- Aus alten WhatsApp-Verläufen ein Buch machen lassen
- Eine Trauergruppe besuchen – das sind Gruppen, die sich regelmäßig treffen. Alle dort haben auch erlebt, dass ein geliebter Mensch gestorben ist.
- Schöne Sachen unternehmen
- Einen Brief an den verstorbenen Menschen schreiben
- Aus Alt mach Neu: aus einer geerbten Bluse oder einem Hemd ein schönes Kissen oder ein Stofftier nähen (lassen). Manchmal riecht es noch lange nach dem geliebten Menschen.
- Ganz wichtig: Freundinnen und Freunde, die einen nicht allein lassen, die einfach vorbeikommen, die immer wieder nachfragen, wie es einem geht, mit denen man Pizza backen und Filme gucken kann, die gute Witze erzählen, mit denen man schweigen und zu zweit allein sein kann, die einen mitnehmen, und die auch wiederkommen

Was bleibt

Diejenigen, die nach einem Tod zurückbleiben und weiterleben, haben oft Sorge, dass sie ihren geliebten Menschen vergessen könnten. Wahrscheinlich ist es so, dass sie sich irgendwann wirklich nicht mehr genau an seine Stimme erinnern können, an einzelne Bewegungen, wie er oder sie aussah oder wie sich das Lachen angehört hat. Erinnerungen verblassen. Trotzdem werden die Toten nicht vergessen. Sie bleiben für immer Teil des eigenen Lebens: Auch wenn die Großeltern irgendwann einmal schon lange tot sein werden, ist man für immer ihr Enkelkind. Genauso bleibt man für alle Zeiten die Freundin oder der große Bruder, auch wenn der Freund oder die Schwester eines Tages nicht mehr leben. Die Toten gehören genauso zu einer Familie oder einem Freundeskreis dazu wie die Lebenden auch.

TIERISCH TRAURIG

Wie Tiere den Tod und das Sterben erleben, können Menschen nur vermuten. Sind sie traurig, wenn ein anderes Tier oder ein Mensch stirbt? Können sie begreifen, dass ein totes Lebewesen nicht wieder lebendig werden kann? Ziemlich wahrscheinlich erleben Tiere ihre Welt ganz anders, als Menschen es sich überhaupt vorstellen können. Trotzdem können Wissenschaftlerinnen und Wissenschaftler bei tierischen Todesfällen immer wieder besondere Verhaltensweisen beobachten. Der Tod scheint eine Bedeutung zu haben, vor allem bei Tieren, die mit anderen in Gruppen zusammenleben.

Gorillamütter, deren Junges gestorben ist, lassen es nicht einfach liegen. Sie tragen den toten Körper oft noch tage- und wochenlang mit sich herum, manchmal sogar, bis er zerfällt.

Elefanten bleiben über längere Zeit bei ihren toten Herdenmitgliedern, sie berühren und beschnuppern sie immer wieder mit ihrem Rüssel. Manchmal legen sie zum Schutz vor Raubtieren Zweige und Äste über sie – wie bei einer Beerdigung. Mit der ganzen Familie besuchen Elefanten von Zeit zu Zeit die Knochen von längst verstorbenen Herdenmitgliedern.

Auch bei den schwarzweißen Orca-Walen kann man beobachten, dass Mütter ihre toten Kälber nicht alleine lassen. Sie schubsen sie noch über hunderte von Kilometern vorsichtig mit ihrer Schnauze vor sich her und führen sie mit sich.

Wenn ein Mitglied einer Schimpansengruppe stirbt, werden alle anderen Affen stiller und ruhiger. Für gewöhnlich essen sie auch einige Tage lang nichts mehr. Immer wieder suchen sie die Nähe des toten Tieres, um es anzuschauen und anzustupsen.

Die Familienmitglieder der Paviane rücken bei Todesfällen zusammen, um sich gegenseitig besonders intensiv der Fellpflege zu widmen.

Auch Vögel können um ihre toten Gruppenmitglieder trauern. Rabenvögel benachrichtigen sich gegenseitig durch Rufe, wenn sie einen toten Artgenossen finden. Alle beenden ihre Futtersuche und versammeln sich bei dem toten Körper.

Viele Vogelarten leben ein Leben lang als Paar zusammen. Wenn einer der Partner stirbt, kann man oft beobachten, dass der andere nichts mehr frisst, weniger Laute von sich gibt und weniger aktiv ist. Manchmal stirbt er kurz darauf auch selbst.

Haustiere haben zu ihrem menschlichen Besitzer ein sehr enges und liebevolles Verhältnis. Deshalb scheint es auch nicht verwunderlich, dass sie Verhaltensweisen von tiefer Trauer zeigen, wenn ihr Frauchen oder Herrchen stirbt: Sie ziehen sich zurück, fressen kaum noch oder schnüffeln immer wieder winselnd am Sessel ihres verstorbenen Lieblingsmenschen. Die Geschichte des schottischen Hundes Bobby kennen viele: Nach dem Tod seines Besitzers lag der Vierbeiner über 14 Jahre lang Tag für Tag an dessen Grab und bewachte es treu. Nur zum Fressen verließ er jeden Mittag seinen Trauerplatz. Als Bobby nach vielen Jahren selbst starb, wurde er von den Ortsbewohnern heimlich in der Nähe seines Herrchens beerdigt (die Bestattung von Tieren war eigentlich auf dem Friedhof verboten).

Was nach dem Tod kommt

Wie es wirklich nach dem Tod ist, kann niemand wissen. So, wie man sich ja auch kaum vorstellen kann, wie oder wo oder wer man war, bevor man auf die Welt gekommen ist. Vielleicht ist es vorher und nachher so wie einen guten und tiefen Schlaf zu schlafen. Dazwischen ist das wache und bunte Leben.

Viele Menschen haben die Hoffnung, dass es noch mehr gibt als die Zeit, die man auf der Erde lebt. Sie stellen sich zum Beispiel vor, dass die Toten und ihre Seelen weiterleben oder dass sie in einem anderen Körper wiedergeboren werden. Manche glauben, dass Gott oder Allah sie eines Tages wieder zum Leben erwecken wird. Für andere gibt es eine Art Himmel, in dem einfach alles gut ist. Und wieder andere sind sich ziemlich sicher, dass nach dem Tod gar nichts sein wird: aus und vorbei.

Manche Leute denken, in ihrem Alltag immer wieder Zeichen ihrer gestorbenen Menschen zu erkennen: ein kleiner Vogel beispielsweise, der ganz nah kommt, ein plötzlicher Windhauch oder ein Sonnenstrahl, der sich durch eine dunkle Wolkenschicht schiebt. Viele sprechen auch mit ihren Toten, als seien sie noch ganz in der Nähe. Solche Vorstellungen helfen, mit dem Tod zu leben. Vielleicht ist es dann nicht ganz so schlimm.

Es gibt auch Menschen, die es schon einmal erlebt haben, dem Tod ganz nahe zu sein. Sie wurden zum Beispiel aus einer lebensgefährlichen Situation gerettet und wieder ins Leben geholt. Viele von ihnen berichten, dass sie in diesen dramatischen Minuten unvorstellbar Schönes gespürt und gesehen haben: Sie hatten das Gefühl, aus dem eigenen Körper zu treten, so dass sie sich selbst von oben sehen konnten. Auf einmal hatten sie keine Schmerzen mehr. Sie fühlten sich leicht und schwebend, hörten wunderbare Klänge, trafen auf geliebte verstorbene Personen oder sahen ein warmes helles Licht am Ende eines dunklen Tunnels. Alles schien in diesem Zustand gut und friedlich zu sein. Manche wollten gar nicht mehr ins Leben zurück.

Viele Forschende sagen, dass solche wundersamen Eindrücke im Gehirn entstehen, weil sich der Körper in einem lebensbedrohlichen Zustand befindet. Andere halten solche Nahtoderfahrungen für einen Hinweis auf ein mögliches Weiterleben.

Die unterschiedlichen Ideen von der Zeit nach dem Tod können ein ganz schönes Durcheinander anrichten! Viele Menschen, vor allem auch Kinder, können manchmal gar nicht aufhören, sich darüber Gedanken zu machen, manche bekommen sogar große Angst.

Das Rätsel des Todes ist wie eine knifflige Knobelaufgabe, die einfach nicht zu lösen ist. Seitdem es die Menschen gibt, denken sie darüber nach. Das Rätsel gehört zum Leben dazu.

Im Laufe eines Lebens können sich die eigenen Vorstellungen vom Tod verändern – je nachdem, mit wem man darüber gesprochen oder was man erlebt hat.

Fast alle Menschen können, wenn sie später alt sind, den Tod freundlicher betrachten. Sie werden vielleicht nach einem langen Leben Stück für Stück ein bisschen müder. Es fühlt sich dann für sie richtig an, dass ihre Zeit begrenzt ist und sie irgendwann Ruhe finden.

Vielleicht ist es für sie, wie wenn man nach einem sehr langen Tag mit vielen tollen Erlebnissen auch froh ist, dass man endlich schlafen gehen kann. Ob und welche Träume dann kommen, das bleibt eine Überraschung.

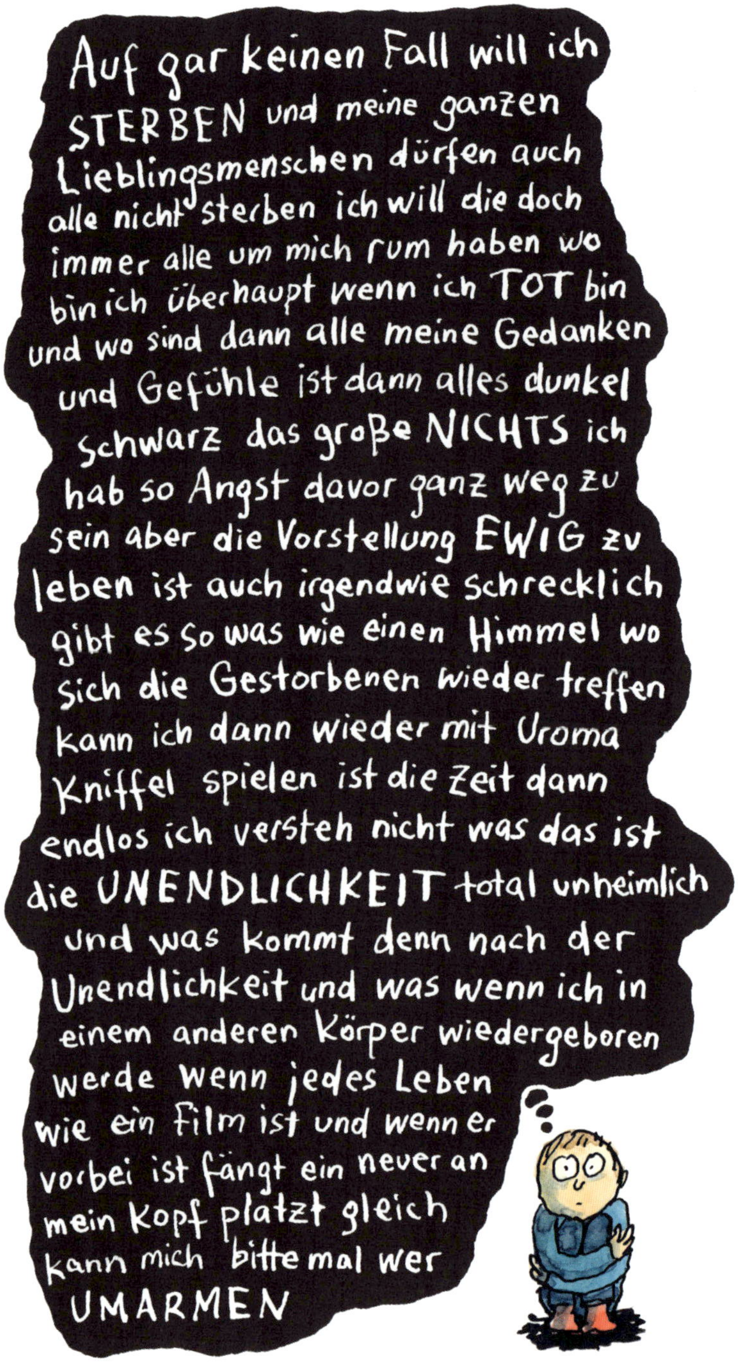

Anja erzählt

Anja ist Sterbe- und Trauerbegleiterin. Sie verbringt Zeit mit Menschen, die am Ende ihres Lebens angekommen sind. Sie spricht mit ihnen über das Leben und ihre Wünsche, die sie noch haben. Anja ist auch für die anderen da: Sie erzählt der Familie und den Freundinnen und Freunden, was sie über das Sterben weiß, hört ihnen zu und hilft ihnen, über ihre traurigen Gefühle zu sprechen. Anja hat mehrere Berufe. Alle haben mit dem Tod zu tun.

Wie sieht deine Arbeit aus?

Mich rufen meistens die Angehörigen der sterbenden Person an. Die haben manchmal große Angst davor, wie das Sterben ihrer Mama oder ihres Opas aussehen wird, was da genau passiert und was sie dann machen sollen. Meine Aufgabe ist, sie ein bisschen darauf vorzubereiten. Ich erkläre ihnen, dass es zum Beispiel gar nicht ungewöhnlich ist, dass jemand beim Sterben in einem anderen Bewusstseinszustand ist oder auf besondere Weise atmet. Wenn sie dann später so etwas hören oder sehen, dann denken sie nicht: „Oh mein Gott, was passiert denn da jetzt gerade!?" Sondern sie werden sich daran erinnern, dass ich ihnen ja davon erzählt habe. Das hilft allen, dass die Ängste nicht so groß werden.

Viele Leute gruseln sich vor der Vorstellung, einen toten Menschen zu sehen. Kennst du das?

Total. Das war bei mir selber auch so. In meiner Familie gab es nicht die Tradition, dass man zum Beispiel die Toten wäscht oder sich noch einmal von den Verstorbenen verabschiedet. Es war einfach nur ein geschlossener Sarg. Ich hatte deshalb bis ins Erwachsenenalter eine riesige Angst vor Leichen.
Ich habe mal gelesen, dass jeder Jugendliche schon Tausende von Toten gesehen hat: In Videospielen, Filmen, Nachrichten, Krimis etc. Oft kennt man den Tod aus dem Fernsehen nur aus schlimmen und gewaltvollen Situationen. Einen Kontakt zu echten Toten haben die meisten nicht. Auch ganz viele Erwachsene haben noch nie einen echten toten Menschen gesehen.

Ist es denn gut, die Toten zu sehen?

Es gibt heute viele junge Bestatterinnen und Bestatter, die dazu einladen, dabei zu sein, wenn der Verstorbene gewaschen und angezogen wird. Zu sehen, zu begreifen, anzufassen, zu fühlen, das hilft beim Verstehen: Es ist wirklich wahr! Das will uns ja nicht in den Kopf, dass da jemand, den wir so liebhaben, gestorben ist.
Und gleichzeitig kann man dem Toten zeigen: Ja, du bist gestorben – und immer noch kümmern wir uns liebevoll um dich. Immer noch bist du uns wichtig und wir wollen, dass dein Körper gut behandelt wird.

der Tortenheber, den sie von der Tante geerbt haben. Oder sie sagen: „Wenn ich die Musik höre, die sie mit mir gehört hat, dann fühle ich etwas Warmes in mir." Dann ist es die Musik. Es sind oft kleine Sachen, die uns immer wieder dran erinnern: Ja, du bist tot und du bist immer noch ein wichtiger Teil meines Lebens.

Wie fühlt sich Trauer an?

Auf diese Frage gibt es so viele Antworten, wie es trauernde Menschen gibt.

Ein Teil von der Trauer ist auch die Fähigkeit, mal eine Pause von der Trauer zu machen: sich ablenken, Filme und Serien gucken, etwas Schönes unternehmen … Niemand hat das Recht, anderen Leuten zu sagen, wie sie trauern sollen.

Was kann man tun, wenn man einen gestorbenen Menschen schlimm vermisst?

Das, was in der Trauer wirklich hilft, ist einen guten Platz zu finden. Einen guten Platz für die Verstorbenen in unserem Leben. Dieser gute Ort kann ganz unterschiedlich aussehen. Manche Leute besuchen zum Beispiel regelmäßig das Grab ihrer Tante. Andere sagen: „Ich gehe eher in ihr Lieblingscafé und esse dort ein Stück Torte." Oder: „Meine Tante ist bei mir, wenn ich die Torte backe, deren Rezept sie mir beigebracht hat." Für andere Leute ist es vielleicht eher

Ist Trauer bei Kindern anders als bei Erwachsenen?

Ich glaube schon, dass es anders ist. Trauer hat bei Erwachsenen eher etwas von einem großen tiefen See, in den man hineingeht und dann ziemlich lange darin ist. Kinder erleben Trauer wie Pfützen, in die sie hineinspringen und für diesen Moment ganz stark ihre Trauer erleben. Und dann hüpfen sie wieder raus.

Hört Trauer irgendwann wieder auf?

Ich habe noch niemanden getroffen, der mir gesagt hat: „Jetzt ist meine Trauer vorbei." Trauer endet nicht, aber sie verändert sich ganz stark. Irgendwann ist rund um die Trauer wieder Platz für alles andere: für Freundschaft, für Liebe, für Rumalbern – was man eben so macht im Leben. Es tut dann immer weniger oder immer seltener weh. Am Anfang ist das noch wie ein riesiger Steinklotz. Er wird aber immer kleiner. Und am Ende bleibt dann manchmal ein schöner Edelstein übrig, etwas Glitzerndes, ein Gefühl der inneren Verbindung und Liebe. Und ich glaube, den will man dann auch gar nicht mehr loswerden.

Was kann man tun, wenn man jemanden kennt, der traurig ist, weil gerade ein lieber Mensch gestorben ist?

Am besten: Nicht so tun, als wäre nichts passiert! Man kann fragen, ob die andere Person darüber reden will. Man kann sagen, dass es einem leidtut. Man kann sich dafür interessieren, wer diese Person war und warum sie für einen wichtig ist. Manchmal muss man auch gar nichts sagen. Dann ist es wichtig, dass man einen umarmt und einfach nur da ist. Wenn man zum Beispiel weiß, dass heute der Geburtstag der verstorbenen Person ist, dann kann man sagen: „Hey, ich weiß, dass heute der Geburtstag ist. Und ich wollte dir sagen, ich denke da auch dran." Ja, und auch den Namen darf man sagen. Darüber freuen sich die trauernden Menschen meistens auch sehr.

Viele haben auch Angst, dass man alles nur noch schlimmer machen könnte, wenn man darüber redet.

Es kann sein, dass der oder die andere weinen muss. Aber Tränen sind gar nichts Schlimmes. Tränen melden sich, wenn uns etwas sehr wichtig ist. Das ist auch ein Zeichen von Vertrauen, wenn sich jemand erlaubt zu weinen. Die Person hört dann auch irgendwann wieder damit auf. Man kann sie in den Arm nehmen, ihr ein Taschentuch geben. Es ist ja auch total traurig, was passiert ist. Es ist ein ganz großes Geschenk, wenn man der anderen Person zeigt, dass sie traurig sein darf. Dass man in diesem Moment nicht versucht, sie zu verändern.

Bist du selbst oft traurig, weil du oft mit traurigen Menschen zusammen bist?

Nein. Die Leute sind ja vor allem traurig, weil sie jemanden liebhaben. Ich spüre dann in der Trauer auch besonders die Liebe. Das gehört zusammen. Es gibt so viele Dinge, über die ich selber traurig bin: wie Menschen sich gegenseitig behandeln, wie Menschen Tiere behandeln, wie Menschen die Umwelt behandeln, Krieg. Es gibt so viele Sachen in der Welt, die mich unglaublich traurig machen. Aber am wenigsten meine Arbeit!

MIT DEN TOTEN LEBEN

ÑANITAS – Stupsnäschen – nennen Menschen in Bolivien lustig und liebevoll geschmückte Glücksbringer-Schädel

Religionen, Zeiten und Kulturen

Überall auf der Welt gingen und gehen die Menschen mit ihren Toten und dem Tod unterschiedlich um. Es gibt die verschiedensten Vorstellungen und Hoffnungen, wie es nach dem Tod weitergehen könnte. Im Laufe der Zeit sind daraus Traditionen und religiöse Rituale entstanden. Ihre Toten sind den zurückbleibenden Menschen nicht egal.

RELIGIONEN

Das Judentum ist eine der ältesten Religionen der Welt. Für Juden ist eines klar: Alle Toten werden eines Tages wieder auferstehen – und zwar genau dann, wenn der Messias kommt, um endlich eine friedliche Welt zu erschaffen. Juden leben und sterben in dieser Hoffnung. Deshalb bleibt ein jüdisches Grab auch für immer bestehen.

Rund um den Tod gibt es viele alte Traditionen. Wenn jemand stirbt, wird sie oder er mit Gebeten begleitet. Der tote Körper wird gewaschen, in weiße Tücher gewickelt und in einen einfachen Holzsarg gelegt. Verwandte, Freundinnen und Freunde halten abwechselnd Totenwache und bleiben bei ihrer verstorbenen Person. Auch die Zugehörigen werden nicht allein gelassen: In den ersten sieben Tagen, auch über die Beerdigung hinaus, bleiben sie zu Hause und werden von Nachbarn und Freundinnen mit Essen und Getränken versorgt. Sie können in dieser Zeit gemeinsam traurig sein, erzählen und sich an viele besondere Erlebnisse mit diesem einzigartigen Menschen erinnern. Juden pflanzen keine Blumen auf ihre Gräber. Wenn sie ein Grab besuchen, legen sie ein kleines Steinchen darauf. Ein Zeichen, das nicht verwelkt: Ich habe dich nicht vergessen und ich werde dich nicht vergessen.

Auch Christen glauben an eine Auferstehung der Toten. Sie glauben daran, dass sie eines Tages bei Gott sein werden und dass dann alles für immer himmlisch gut sein wird. Durch den Glauben an Gott und seinen Sohn Jesus, der nach den Erzählungen der Bibel gestorben und wieder auferstanden ist, werden alle schlimmen Taten der Menschen wieder gutgemacht. Bei den Christen gibt es manchmal auch noch die alten Vorstellungen einer qualvollen Hölle, die auf diejenigen wartet, die in ihrem Leben „böse“ waren.

Während Juden und Muslime ihre Toten möglichst am nächsten Tag beerdigen, gibt es bei Christen oft die Tradition, sich einige Tage Zeit zu lassen, um sich von den Verstorbenen zu verabschieden. Eine christliche Beerdigung wird meist in einer Kapelle auf dem Friedhof von einem Priester, einem Pfarrer oder einer Pfarrerin begleitet. Neben dem persönlichen Abschied werden dort tröstende Sprüche aus der Bibel und Gebete vorgelesen. Mit den Worten „Erde zu Erde, Asche zu Asche, Staub zu Staub“ wird schließlich drei Mal Erde auf den Sarg oder die Urne geworfen. Das erinnert an die Erzählung aus der Bibel, in der Gott einst den ersten Menschen aus Erde und Lehm formte.

Im Islam ist das Leben auf der Welt die Vorbereitung für das Paradies, das nach dem Tod kommt. Deshalb sollten alle gläubigen Muslime möglichst gut, ehrlich, hilfsbereit und im Glauben an Gott, Allah, leben. Wer nicht „richtig“ glaubt, dem droht vielleicht die Hölle. Wenn ein Mensch islamischen Glaubens stirbt, wird der Körper des Toten von den Familienmitgliedern nach bestimmten Regeln gewaschen. Danach wird er von Gebeten begleitet in große weiße Tücher gehüllt. Schon nach einem Tag ist die Beerdigung. Der Leichnam wird direkt in die Erde gelegt. Vorher steigt ein Familienmitglied in das vorbereitete Grab hinunter. Mit einer Schaufel schichtet er die Erde so, dass er die oder den Toten auf seine rechte

Körperseite legen kann – mit dem Gesicht Richtung Mekka, der heiligen Stadt. Anschließend schaufeln Familie und Freunde gemeinsam das Grab zu.

Im Buddhismus gibt es keinen Gott, keinen Himmel und keine Hölle. Denn Buddhisten glauben wie die Hinduisten auch an die Wiedergeburt: Die Seele lebt ewig, nur die äußere Hülle wechselt. Das Leben hat also keinen Anfang und kein Ende, es geht immer weiter. Das große Ziel für Buddhisten ist es, sich eines Tages aus diesem Kreislauf zu befreien und im Nirwana vollkommene Freiheit und Glück zu erfahren.

Wenn ein Mensch stirbt, wünscht man ihm alles Gute für die Wiedergeburt. Die Seele der Sterbenden soll sich in Ruhe von ihrem Körper lösen können. Deshalb finden Buddhisten es auch nicht gut, zu viel zu weinen und zu trauern. Das würde die Seele auf ihrem Weg nur aufhalten.

In Indien ist der Hinduismus weit verbreitet. Viele glauben daran, dass mit dem Tod die Seele aus dem Körper tritt und in einem anderen Körper wiedergeboren wird. Ob man dann als Königin, als Maus oder als Kieselstein wiedergeboren wird, hängt davon ab, wie gut man sein Leben vorher geführt hat.

... und ein hinduistisches Blumenschiffchen

Wenn ein Hindu gestorben ist, wird er verbrannt. Besonders beliebt ist die Verbrennung am Ganges, dem heiligen Fluss. An seinem Ufer gibt es viele öffentliche Feuerstellen für die Verstorbenen. In ein Tuch gehüllt werden sie dort noch am selben Tag mit Holz verbrannt, so dass die Seele frei werden kann. Die Angehörigen verstreuen anschließend die Asche und restlichen Knochen zusammen mit Blumen und Girlanden auf dem Wasser.

ZEITEN UND KULTUREN

In Mexiko wird jedes Jahr im November am „dia de los muertos“, dem „Tag der Toten“, so richtig gefeiert. Überall gibt es schon in den Wochen davor Skelette aus Pappe in den buntesten Farben und mit den lustigsten Kleidern zu sehen. Man kann blumig verzierte Totenköpfe aus Zuckerguss kaufen und viele andere gruselig-schöne Knochen und Totenmasken. Wie bei uns an Halloween, Fasching oder Karneval verkleiden sich dann viele Mexikaner. Sie ziehen als Skelette und Tote in farbenfrohen Party-Paraden durch die Straßen. An diesem Tag, so glaubt man, besuchen die Toten die Lebenden, um mit ihnen zu feiern. Alle gehen gemeinsam auf den Friedhof, auf dem Lampions und Fackeln für die richtige Stimmung sorgen. Auf den Gräbern werden bei fröhlicher Musik Klapptische und Stühle aufgestellt, Buffets aufgebaut, Bier und Schnaps gereicht, und die Kinder spielen zwischen den Gräbern Fangen und Verstecken. Auch Geschenke für die Verstorbenen werden mitgebracht. An diesem Tag ist der Tod mitten im Leben willkommen.

Eine ganz besondere Art, mit Toten umzugehen, hat man in den Bergregionen der indonesischen Insel Sulawesi. Alle paar Jahre holt man dort die Toten wieder aus ihren Särgen, säubert sie, zieht sie frisch an, stellt sie auf, umarmt sie und spricht mit ihnen. Dabei ist es nicht so wichtig, ob sie schon ein bisschen verwest sind und schon lange nicht mehr wie zu Lebzeiten aussehen und riechen.

Manchmal „wohnen" die Verstorbenen sogar jahrelang weiter in den Familien. Denn die traditionelle Beerdigung, bei der Wasserbüffel geschlachtet und viele Menschen eingeladen werden, kostet sehr viel Geld. Bis man genug angespart hat, bleiben die Toten zu Hause. Die Verwandten leben und essen bei ihnen, abends werden sie wieder ins Bett gelegt. Niemand findet das ungewöhnlich.

„Himmelsbestattungen" gibt es in den Bergen von Tibet nur noch sehr selten. Die toten Körper der Verstorbenen werden dabei zunächst von einem Priester klein gestückelt und dann aasfressenden Geiern überlassen. Auf diese Weise dienen die Verstorbenen den Vögeln als Nahrung und kehren in den natürlichen Kreislauf des Lebens zurück. Diese jahrtausendalte Tradition gibt es in dieser Gegend wahrscheinlich auch, weil der Boden für eine Beerdigung zu hart ist und es nicht genügend Holz für eine Feuerbestattung in der Umgebung gibt.

Im Alten Ägypten war das Leben nach dem Tod genauso wichtig wie die Zeit davor. Die Toten sollten möglichst unversehrt ins Jenseits kommen. Deshalb versorgte man die Körper der Verstorbenen so, dass sie nicht verwesen konnten. Man schlitzte sie vorsichtig auf, entfernte alle Eingeweide und legte diese in besondere Gefäße. Die ägyptischen Priester bestrichen die Körperhülle mit verschiedensten Flüssigkeiten und wickelten sie kunstvoll und vorsichtig mit Binden aus Baumwolle ein. Auch Tiere, die als heilig galten, wurden auf diese Weise mumifiziert. Je höher gestellt eine Königin oder ein Pharao war, desto mehr Schmuck und Kleider,

Speisen und Getränke, Bedienstete und Haustiere wurden mit in das Grab gelegt. So ausgestattet konnten die Verstorbenen ihre Reise ins Totenreich antreten. Ein Leben in ewiger Gesundheit und Jugend wartete dort auf sie.

Tausende Jahre später wurden bei Ausgrabungen viele solcher Mumien gefunden. Im 18. und 19. Jahrhundert galt es in Europa sogar als schick, sich so einen eingewickelten Toten als Andenken mit nach Hause zu nehmen. In adligen Kreisen veranstaltete man sogenannte „Mumienpartys", bei denen die mitgebrachte Mumie gemeinsam mit den Gästen ausgewickelt wurde.

Noch bis vor 100 Jahren konnte man in Deutschland echte gemahlene Mumien als Heilmittel in Apotheken kaufen. Das Pulver „Mumia vera aegyptiaca" sollte angeblich gegen Husten, Kopfschmerzen, Schwindel oder Lähmungen helfen.

UNVERWESTE KÖRPER

Meistens zerfallen und verwesen tote Menschen relativ schnell. Unter bestimmten Bedingungen können die Körper aber auch über Hunderte und Tausende von Jahren gut erhalten bleiben. Manche Tote trocknen nur langsam in besonders heißer Luft oder kalten Höhlen, andere liegen tiefgefroren im

Eis der Berge, wieder andere werden nach langer Zeit in Mooren oder Salzbergwerken gefunden. Für Wissenschaftlerinnen und Wissenschaftler sind Mumien besonders interessant, weil man an ihnen erforschen kann, wie die Menschen früher lebten, wie sie aussahen, was sie aßen und welche Kleidung sie trugen.

Auch heute kann es auf Friedhöfen passieren, dass der Körper beispielsweise in einem besonders lehmigen Boden nicht verwesen kann. Weil die Haut dann aussieht, als sei sie aus Wachs, nennt man einen solchen Körper dann auch „Wachsleiche“.

Wenn man eine Mumie in einem Museum bestaunt, ist es gut, nicht zu vergessen, dass das der Körper eines Menschen ist, der einmal wirklich lebendig war.

BERÜHMTE MUMIEN

TUTANCHAMUN

Die Entdeckung der Grabstätte von Tutanchamun war Anfang des letzten Jahrhunderts eine Sensation. Kein Grabräuber hatte sie bisher entdeckt. Es war alles noch genau so, wie es dreitausend Jahre zuvor im „Tal der Könige“ verschlossen worden war. Der junge Pharao war nur 19 Jahre alt geworden und wahrscheinlich bei einem Unfall gestorben. Man hatte ihn nach altägyptischen Künsten einbalsamiert und unzählige Schätze in seine Grabkammern gelegt: einen Thron, goldene Betten, Vasen und Kampfwagen, dazu Figuren, Schmuck, Kleidung und goldene Sandalen. Seine prunkvolle Totenmaske ist weltberühmt. Heute liegt Tutanchamun nicht wie die meisten anderen Mumien in einem Museum, sondern unterirdisch in seiner ursprünglichen Grabkammer. In einem Glaskasten kann man dort seinen dunklen verschrumpelten Kopf und seine langzehigen Füße unter einem Leintuch hervorblitzen sehen. Der einst prächtige Pharaonenherrscher war eben auch nur ein Mensch.

„ÖTZI“

Der Mann lag über 5.000 Jahre lang tiefgefroren hoch oben im Gletscher-Eis der italienischen Alpen – bis er im Sommer 1991 zufällig von Wanderern in einer Felsmulde entdeckt wurde. Der Fund war sensationell, denn der Körper, seine Kleidung und Ausrüstung waren bestens erhalten. Der Mann aus der Bronzezeit war in Felle gekleidet und trug Lederschuhe an seinen Füßen, er hatte Pfeil und Bogen, Material zum Feuermachen und ein kleines Beil bei sich. Seine Haut war mit vielen kleinen Zeichen tätowiert. Besonders interessant ist, dass „Ötzi“ wahrscheinlich an den Folgen eines Kampfes gestorben ist. In seiner Schulter steckte eine Pfeilspitze. Er könnte an dieser Verletzung verblutet sein, bevor Schnee und Eis ihn für fast ewige Zeiten in diesem Zustand erhalten haben.

DASCHI-DORSCHO ITIGELOW

Man erzählt, dass der buddhistische Obermönch aus Sibirien vor rund hundert Jahren seinen nahenden Tod spürte. Er zog sich daraufhin zurück und begann, über viele Wochen im Lotossitz zu meditieren. In dieser Position ist er schließlich gestorben. So sollten seine Mitmönche ihn auch beerdigen und nach 75 Jahren wieder aus der Erde holen. Wissenschaftler konnten kaum glauben, was sie sahen: Obwohl der Körper nicht einbalsamiert worden war, war er nicht verwest. Seine Haut war weich und die Gelenke elastisch. So, als hätte er sich erst vor ein paar Tagen zum Meditieren hingesetzt. Noch heute fahren gläubige Buddhisten zu bestimmten Festtagen in sein Kloster, um ihn zu sehen. Für die Mönche des Klosters ist er nicht tot, sondern sitzt in ewiger Meditation.

ROSALIA

Das zweijährige Mädchen Rosalia sieht in ihrem gläsernen Sarg heute noch aus, als würde sie schlafen. In den Kellern eines alten sizilianischen Klosters steht der kleine Sarg seit 100 Jahren zwischen vielen anderen mumifizierten Körpern. Damals haben die Mönche wichtige Personen wie Kirchenleute und reiche Bürger nach ihrem Tod einbalsamiert und in ihren Gewölben trocknen lassen. Diese hängen nun zu Hunderten in ihren alten Kleidern an den Wänden oder liegen in Nischen und Totenkisten. Einst kamen die Familien der Toten zum Allerseelen-Fest zu Besuch, um bei ihnen zu sein und an sie zu denken. Sie zogen ihren Verwandten frische Kleidung an, besprühten sie mit Parfüm und legten ihnen Blumen in die Hände. Heute kommen jährlich Tausende von Touristen und schauen sich die mumifizierten Körper als Attraktion an.

DER TOLLUND-MANN

Moore sind feuchte Gebiete mit braunem, waberndem Boden aus Pflanzenresten. In diesen oft nebligen und etwas unheimlichen Orten werden immer wieder „Moorleichen" gefunden. Hier ist der Boden so beschaffen, dass Körper nicht verwesen können. Auch heute noch findet man deshalb immer wieder Menschen, die oft schon tausende Jahre dort liegen. Der dänische „Tollund-Mann" ist sogar so gut erhalten, dass man einzelne Hautstrukturen, die Bartstoppeln und seine feinen Gesichtszüge genau erkennen kann. Er sieht aus, als würde er seit 2000 Jahren schlafen. – Dabei ist er ziemlich grausam zu Tode gekommen: Um seinen Hals war eine Schlinge gelegt. Wahrscheinlich ist, dass er von seinen Zeitgenossen erhängt und anschließend als Opfergabe ins Moor gelegt wurde. Die Menschen zu dieser Zeit glaubten nämlich, hier mit ihren Göttern in Verbindung treten zu können. Für sie war es ganz normal, auf diese Weise für eine gute Ernte zu danken oder einen milden Winter zu erbitten.

LADY VON DAI

Sie ist die am besten erhaltene Mumie der Welt. Im Gegensatz zu den ägyptischen Mumien, deren Haut ziemlich trocken und bröselig ist, ist der Körper dieser 2000 Jahre alten chinesischen Prinzessin geschmeidig und tadellos erhalten. In ihren Adern fand man sogar noch flüssiges Blut. Das aufwändig gestaltete Grab der feinen Dame wurde durch Zufall tief in der chinesischen Erde entdeckt. Lady von Dai war in mehrere Lagen Seide gewickelt und in vier ineinander verschachtelte Särge gelegt worden. Die bakterienabtötende Flüssigkeit, die ihren Körper so besonders gut haltbar gemacht hatte, konnte bis heute nicht richtig bestimmt werden. Was man aber von ihr weiß: Sie war sehr reich und liebte gutes Essen. Über 1000 Grabbeigaben konnte man bei ihr finden, darunter 30 Körbe mit Nahrungsmitteln und dazu die Rezepte für ihre Lieblingsspeisen.

Unsterblichkeit

Jedes Lebewesen stirbt eines Tages: jeder Mensch, jedes Tier, jede Pflanze. Schon immer gab es die Vorstellung, wie es wäre, nicht sterben zu müssen, sondern unsterblich zu sein. Auch in vielen Religionen gibt es deshalb die Hoffnung, dass zumindest die Seele ewig lebt.

Im Laufe der Zeit hat sich in vielen Teilen der Erde die Ernährung und die medizinische Versorgung der Menschen verbessert. Auch die Arbeit ist weniger hart als früher. Noch vor hundert Jahren konnte man sich in Deutschland kaum vorstellen, dass es einmal normal sein könnte, achtzig oder neunzig Jahre alt zu werden. Menschen träumen heute davon, möglichst lange zu leben und jung zu bleiben. Sie machen Fitness, essen Gemüse, machen Gehirntraining, benutzen Cremes gegen die Hautalterung und schwören auf spezielle Wundermittel. Bis zur Unsterblichkeit hat es aber bisher noch niemand geschafft.

UNSTERBLICH IN ZUKUNFT

Manche Leute glauben fest daran, dass sich die Unsterblichkeits-Forschung in Zukunft weiter entwickeln wird. Sie beschließen, für viel Geld ihren Körper nach ihrem Tod für immer einfrieren zu lassen. Eines Tages können sie vielleicht wieder aufgetaut und neu zum Leben erweckt werden. Vielleicht, vielleicht auch nicht. Man kann es ja einmal versuchen.

UNSTERBLICH DURCH MEDIZIN UND TECHNIK

Wissenschaftlerinnen und Wissenschaftler forschen unaufhörlich, wie man den Verfall eines Körpers und somit den Tod immer noch ein Stückchen weiter hinauszögern kann. Sie entwickeln zum Beispiel künstliche Organe und Körperteile, die besser als die alten funktionieren und diese ersetzen können. Manche setzen auch auf die Erfindung mini-kleiner Roboter, die in Zukunft selbstständig im Körper unterwegs sein könnten, um beispielsweise kranke Zellen aufzuspüren und sie zu reparieren. Wer weiß, eines Tages wird der Mensch dann vielleicht nicht mehr einen sterblichen Körper haben, sondern eher ein technisches Wunderwerk sein.

DIGITALE UNSTERBLICHKEIT

Wenn jemand stirbt, lässt er oder sie riesige Datenmengen im Netz zurück, etwa Fotos und Kommentare in den sozialen Medien. Wenn die nicht aufwändig gelöscht werden, bleiben sie für immer bestehen. Das Internet ist voll von unsterblichen Toten! Für viele Lebende sind die Zeichen und Bilder ihrer Liebsten oft noch lange wichtig. Manchen hilft es, die alten Unterhaltungen immer wieder zu lesen. Andere schreiben oder sprechen sogar weiter Nachrichten auf das Handy der Verstorbenen. Auch wenn sie genau wissen, dass niemand antworten wird. So ist der geliebte Mensch noch immer ein bisschen da.

DIGITALE DOPPELGÄNGER

Manchmal kann man auf Videos gar nicht richtig erkennen, ob man gerade einen echten oder einen computer-erzeugten Menschen sieht. Es gibt auch Pop-Konzerte, bei denen anstelle der wirklichen Musiker virtuelle Abbilder (Hologramme) auf der Bühne stehen und spielen. Obwohl da eigentlich niemand ist, bejubeln und feiern die Fans ihre Idole.

Von einer verstorbenen Person können Bilder, Sprachaufnahmen und Videos technisch so bearbeitet werden, dass es scheint, als sei sie lebendig. Sie oder er sieht dann aus wie einst, spricht mit der vertrauten Stimme und kann sogar Fragen beantworten. Dabei ist die Person schon lange tot. So konnte eine südkoreanische Mutter ihre drei Jahre zuvor gestorbene Tochter noch einmal in der virtuellen Welt „treffen". Mit Hilfe einer speziellen Brille und viel Computertechnik sah sie ihr Kind in einem Park umherspringen. Sie konnte mit ihrer toten Tochter reden und ihr noch einmal sagen, wie lieb sie sie hat. Nur berühren konnte sie sie nicht, denn ihre Tochter war nicht echt.

Vielleicht wird es in Zukunft möglich sein, solche computer-animierten Doppelgänger auf diese Weise „lebendig" werden zu lassen. Abends könnte dann die längst verstorbene Oma eine Gutenacht-Geschichte am Bett vorlesen. Oder die tote Freundin könnte am Geburtstagsfest zusammen mit den anderen Gästen ein Ständchen singen. Man könnte mit den Gestorbenen reden und sie nach ihrer Meinung fragen. Sie wären auf ganz spezielle Art unsterblich. Solche Animationen können einen echten Menschen dennoch niemals ersetzen.

Menschen stellen sich den Tod ganz unterschiedlich vor:

Auf den folgenden Seiten werden einige dieser Gestalten beschrieben. Erkennst du sie wieder?

Bilder und Symbole für den Tod

Menschen können und wissen so viel. Ständig erfinden sie erstaunliche Dinge. Nur der Tod bleibt ein Rätsel. Denn niemand kann vorher wissen, wie und wann er sterben wird. Für viele ist das beunruhigend und auch unheimlich.

Vielleicht haben die Menschen deshalb schon immer versucht, dem Tod eine Gestalt zu geben. So konnten sie sich ihn besser vorstellen. Es gibt zahlreiche Geschichten und Erzählungen über Geister und Gespenster, Untote, Vampire oder andere Gruselgestalten. Immer wieder werden neue erfunden.

SENSENMANN / SCHNITTER

Er ist meist in einen schwarzen Kapuzen-Umhang gehüllt und hat entweder die hohlen Augen eines Totenschädels oder kein erkennbares Gesicht. In der Hand trägt er eine Sense. Eine andere Bezeichnung ist „Schnitter“ – einer, der das Korn schneidet. Wenn der Sensenmann kommt, so stellte man sich vor, fallen die Menschen wie abgeschnittenes Gras um. Dann nimmt er sie mit sich.

SKELETT / KNOCHENMANN

Ein Skelett besteht aus den Knochen und dem Schädel eines Menschen. Es bleibt übrig, wenn Haut, Fleisch, Muskeln und Sehnen schon längst verwest sind. Deshalb ist ein Skelett auch ein Zeichen für den Tod. In Wahrheit könnte es so jedoch niemals aus seinem Grab herausklettern. Denn ohne Sehnen und Muskeln, die alles zusammenhalten, wäre es nur ein zusammengewürfelter Knochenhaufen.

GEVATTER TOD

„Gevatter" ist ein altes Wort für Patenonkel. Die Bezeichnung kommt aus einem alten Märchen der Gebrüder Grimm, in dem ein Vater für sein dreizehntes Kind einen Gevatter sucht und schließlich den Tod fragt. Der kümmert sich zunächst liebevoll um seinen Patensohn – bis dieser sich nicht mehr an die Abmachungen hält und schließlich selbst sterben muss.

THANATOS

Thanatos ist der Gott des Todes. Er ist in der griechischen Götterwelt der Bruder von Hypnos, dem Gott des Schlafes. Meist wird er als schöner junger Mann mit großen schwarzen Flügeln dargestellt, der den Sterbenden mit einem Messer eine Locke abschneidet und ihn ins Totenreich mitnimmt.

AZRAEL, DER TODESENGEL

Im Judentum und Islam kennt man den Todesengel, der die Seele des sterbenden Körpers mit sich nimmt. Azrael notiert auf seiner Liste die Namen aller Neugeborenen und streicht diejenigen aus, die gestorben sind. Deshalb gibt es auch den alten jüdischen Brauch, einem todkranken Menschen schnell einen neuen Namen zu geben. Der Todesengel könnte ja im letzten Moment denken, dass er sich vielleicht doch in der Adresse geirrt hat.

GEISTER UND GESPENSTER

In vielen Kulturen kennt man Gespenstererzählungen. Man sagt, dass die Toten (oder ihre Seelen) immer mal wieder zu den Lebenden zurückkehren und sich ihnen zeigen – entweder um sie zu erschrecken oder um wichtige Botschaften aus dem Jenseits zu überbringen. Meist „spukt es" um Mitternacht. Geister und Gespenster sehen wie durchsichtige Luftgestalten aus. Sie können aber auch in ein flattriges, weißes Tuch gehüllt erscheinen. Was aussieht wie ein Bettlaken, erinnert eigentlich an das Leichentuch, in das sie einst als Menschen nach ihrem Tod eingewickelt wurden.

VAMPIRE

Es gibt unzählige Geschichten über diese nachtaktiven Geschöpfe, jede ist ein bisschen anders. Vampire sehen oft aus wie ein sehr bleicher, elegant gekleideter Mensch (meist männlich) mit ziemlich spitzen Eckzähnen. Diese graben sie in Menschenhälse, um Blut zu saugen. Eigentlich sind Vampire bereits gestorben, und trotzdem sind sie nicht wirklich tot. Tagsüber schlafen sie in ihren Särgen, während sie nachts umherstreunen und ihre Opfer suchen. Wer gebissen wird, wird selbst zum Vampir.

ZOMBIES / UNTOTE

Achtung: Sehr gruselig und nicht besonders freundlich! Zombies und Untote kennt man hauptsächlich aus Horrorfilmen. Als hätten sie sich gerade erst frisch aus dem Friedhofsboden ausgebuddelt, laufen sie mit blutverschmierten und zerfetzten Kleidern unkontrolliert durch die Gegend. Sie sind in der Gestalt ihres toten, noch nicht ganz verwesten Körpers unterwegs und wollen sich an den Lebenden rächen. Ihre Seele findet einfach keine Ruhe. Die Angst vor solchen Wesen gibt es schon ziemlich lange. Wenn früher die Leute wirklich befürchteten, dass jemand aus seinem Grab zurückkommen könnte, ergriffen sie manchmal Vorsichtsmaßnahmen: Sie drehten bei der Beerdigung die Toten auf den Bauch, fesselten sie, legten einen schweren Stein auf ihren Körper oder köpften sie vorher noch schnell. Sicher ist sicher!

TOTENTANZ

Auf vielen Bildern und Darstellungen des Mittelalters tanzt der Tod gemeinsam mit den Lebenden, oft mit jungen Menschen. In diesen Zeiten glaubten viele, dass die Toten um Mitternacht tanzend aus ihren Gräbern steigen. Es war auch eine Zeit, in der viele junge Menschen aufgrund von Kriegen, Krankheiten und schwierigen Lebensbedingungen starben. Mit diesen Bildern wurde den Leuten gezeigt: Es spielt keine Rolle, ob man nun reich oder arm ist,

Gelehrter, Prinzessin oder Knecht. Jeder Mensch wird sterben. Beim „Tanz des Lebens“ tanzt der Tod also immer mit. Das sollten die Leute nicht vergessen.

„MEMENTO MORI“

Im klassischen Rom gab es den Brauch, nach einer erfolgreichen Schlacht einen großen Triumphzug stattfinden zu lassen. Der siegreiche Feldherr zog mit seinem Wagen durch die Stadt und ließ sich von seinem Volk bejubeln. Hinter ihm stand ein Sklave, der einen goldenen Lorbeerkranz über seinen Kopf halten und ihm ununterbrochen ins Ohr flüstern musste: „Memento mori“ – was so viel heißt wie: „Denke daran, dass auch du nur ein Mensch bist und sterben wirst.“ Das war eine Ermahnung, nicht zu eingebildet zu sein.

Auch heute sind Totenköpfe oder Skelette auf T-Shirts und Tattoos eine Art „Memento mori“. Sie lassen einen vielleicht für einen Sekunden-Moment daran denken: Ja, irgendwann ist auch mein Leben vorbei.

SANDUHR

In vielen Darstellungen hält der Tod eine Sanduhr in der Hand. Die Leute sollen daran denken, dass ihre Lebens-Zeit unaufhörlich verrinnt.

VANITAS-BILDER

„Vanitas“ ist Lateinisch und bedeutet Eitelkeit. Die Betrachter dieser Bilder sollen darüber nachdenken, dass Geld und Gold, Schönheit und Vergnügen nicht so wichtig sind. Sie werden daran erinnert: Jeder Mensch wird sterben, auch du!

Auf sogenannten Stillleben (das sind Bilder, auf denen verschiedene Dinge auf einem Tisch so angeordnet sind, als würde das Leben still stehen – ähnlich wie ein Foto) finden sich unzählige geheime Hinweise auf die Vergänglichkeit des Lebens, zum Beispiel: Schädel (Tod), leere Schneckenhäuser (kein Leben mehr darin), Uhren (die Zeit läuft), verwelkte Blumen, angefaulte Früchte, Insekten und Würmer (fressen Verwesendes), brennende Kerzen (das Lebenslicht brennt nicht ewig), Seifenblasen (zerplatzen schnell), zerfallene Ruinen oder tote Tiere.

Da lachst du dich kaputt!

In einem Taxi will Bibi den Fahrer etwas fragen und tippt ihm von hinten auf die Schulter.
Der Fahrer erschrickt, schreit laut auf, verliert die Kontrolle über sein Auto, schießt über den Gehsteig und kommt nur wenige Zentimeter vor einer Mauer zum Stehen.
Für ein paar Sekunden ist alles still. Dann sagt der Taxifahrer: *„Bitte, machen Sie das NIE wieder! Sie haben mich zu Tode erschreckt!"*
Bibi entschuldigt sich: *„Ich konnte nicht ahnen, dass Sie wegen eines Schultertippens gleich so schlimm erschrecken."*
„Sie konnten es ja nicht wissen", meint der Fahrer. *„Heute ist mein erster Tag als Taxifahrer. Die letzten 25 Jahre bin ich Leichenwagen gefahren."*

Es klopft an der Himmelspforte. Petrus steht auf, geht an die Tür und fragt den Mann, der da steht: *„Wie heißt du, mein Sohn?"* Der Mann antwortet: *„Hallo, ich bin Hans Hansen aus Ha…"*
Und schwupp, weg ist er. Petrus schüttelt verwundert den Kopf und legt sich wieder hin. Kurz darauf klopft es noch einmal an der Tür. Da steht derselbe Mann und sagt: *„Hallo, ich bin Hans Hansen aus Ha…"*. Wieder weg. Beim nächsten Mal dasselbe, woraufhin Petrus zu Gott geht. *„Ey, Gott, sag mal, was ist da denn los? Dreimal schon steht so ein Typ bei mir vor der Tür und sagt „Ich bin Hans Hansen aus Ha…"*
Gott: *„Ach so, das ist sicher Hans Hansen aus Hamburg, der liegt auf der Unfallstation und wird gerade wiederbelebt."*

Kommt ein Skelett in die Kneipe: *„Ein Bier – und einen Lappen zum Aufwischen bitte!"*

Bei der Besichtigung einer alten Burg muss Fritzchen dringend zur Toilette. Als er endlich auf dem Klo sitzt, hört er eine unheimliche Stimme: *„Ich bin über dir und brauche Blut von dir."*
Fritzchen fröhlich zurück: *„Und ich bin unter dir und brauche Klopapier!"*

Eine Vampirmutter fragt ihr Kind: *„Was machst du denn da?"*
„Ich hetze nur ein paar Leute über den Friedhof."
„Ich habe dir doch schon so oft gesagt: Mit dem Essen spielt man nicht!"

Ein Zombie in einem Restaurant zum Kellner: *„Also, mein Lieber, das Essen schmeckt ja garnicht. Bitte holen Sie mir mal den Koch!“* *„Das kann ich gerne machen“*, sagt der Kellner, *„aber ich glaube nicht, dass der Ihnen besser schmecken wird.“*

Eines Nachts im alten schottischen Schloss. Ein Gast irrt durch die leeren Flure und trifft auf ein Gespenst: *„Buhuhhhhuhhh, buhuhhhhuhhh, seit vierhundert Jahren bin ich tot und spuke in diesen Gemäuern umher.“*
„Ah, das trifft sich gut, dann wissen Sie doch sicher, wo hier die Toiletten sind.“

Kommt ein Vampir zum Bäcker und bestellt zwei Brötchen. Der Bäcker holt die Brötchen aus der Backstube. Dann kommt es ihm doch etwas komisch vor und er fragt:
„Verzeihen Sie, aber Sie sind doch ein Vampir, oder?“
„Das stimmt.“
„Ich wundere mich nur. Ich habe noch nie gehört, dass Vampire Brötchen essen.“
„Ach so, das kann ich erklären“, sagt der Vampir.
„Zwei Straßenecken weiter ist ein Unfall passiert. Ich brauch nur schnell was zum Dippen.“

Treffen sich zwei Gespenster auf dem Friedhof. Fragt der eine: *„Wie bist du denn gestorben?“* Antwortet der andere: *„Ich bin vom Berliner Fernsehturm gesprungen. Und du?“*
„Ich stand unter dem Fernsehturm, als mir so ein Volltrottel auf den Kopf geknallt ist!“

Treffen sich zwei Vampire. Sagt der eine:
„Na, wie geht's denn so?“
Sagt der andere: *„Ach, man beißt sich so durch.“*

Wichtige Wörter

Viele Wörter, die du hier nachschlagen kannst, hast du vielleicht schon einmal irgendwo gehört. Manche klingen fremd, manche geheimnisvoll. Auch viele Erwachsene wissen oft nicht ganz genau, was sie bedeuten. Nicht nur im Leben, auch in der Sprache sind wir nicht gewöhnt daran, mit dem Tod umzugehen.

Angehörige / Zugehörige
Angehörige sind die Verwandten einer Person: die Eltern, die Kinder und die ganze Familie. Manche Menschen sind aber ihre Freundinnen und andere vertraute Menschen viel näher als die eigene Familie. Deshalb sagt man auch „Zugehörige“: Das sind alle Leute, die *zu* einer Person gehören, nicht nur die Verwandten.

Anonyme Bestattung
Anonym bedeutet „ohne Namen“. Bei einer anonymen Bestattung wird ein Mensch (oder seine Asche) an einem unbekannten Ort und ohne einen Hinweis auf seinen Namen beerdigt. Nur diejenigen, die die Beerdigung machen, wissen Bescheid.

Aufbahrung
Aufbahrung bedeutet so viel wie „auf die Bahre legen“. Der verschlossene oder der geöffnete Sarg mit dem toten Körper wird noch einmal schön aufgestellt. So können sich alle auf dem Friedhof, im Pflegeheim oder zu Hause von ihrem Menschen in Ruhe verabschieden.

Aussegnung
Der oder die Verstorbene wird noch einmal gesegnet, bevor der Körper beerdigt wird.

Aussegnungshalle / Trauerhalle
Meist befindet sich auf dem Friedhof ein kleiner Raum oder eine Kapelle, in der die Trauerfeier stattfindet.

Beerdigung
Bei der Beerdigung wird eine Urne oder ein Sarg in die *Erde* gelassen (siehe auch Begräbnis).

Begräbnis
Bei einem Begräbnis wird eine Urne oder ein Sarg ins *Grab* gelassen (siehe auch Beerdigung).

Beileid

„Mein Beileid!“ – mit diesen alten Worten drücken manche Leute aus, dass es ihnen leidtut, wenn jemand gestorben ist. Man könnte auch sagen: „Ich fühle mit dir, du bist sicher sehr traurig.“ Siehe auch „Kondolieren“.

Beinhaus

„Bein“ ist ein altes Wort für Knochen. Wenn früher nicht mehr genug Platz auf den Friedhöfen war, wurden in manchen Gegenden die Knochen der Verstorbenen eingesammelt. Im Beinhaus wurden sie dann fein säuberlich aufeinandergestapelt.

Beisetzung

Wenn die Urne oder der Sarg eines Menschen beigesetzt wird, kommt sie in ein Grab. Sie ist dann „bei“ den anderen Toten, die auch schon beerdigt wurden.

Bestatterin / Bestatter

Wer diesen Beruf hat, hilft dabei, eine Beerdigung zu planen und zu organisieren. Bestatterinnen und Bestatter kümmern sich um die Toten und die Lebenden.

Bestattung

In diesem Wort steckt noch ein Wort: „Statt“ – das bedeutet „Ort“. Be-statt-en heißt also, dass man jemanden an einen bestimmten Ort bringt, zum Beispiel auf den Friedhof. Andere Worte dafür sind Beerdigung, Begräbnis oder Beisetzung.

Bestattungsinstitut

Ein Geschäft, in dem Bestatterinnen und Bestatter arbeiten. Es gibt dort einen Raum, in dem man in Ruhe alle Wünsche für die Beerdigung eines Verstorbenen besprechen kann. Oft kann man sich auch verschiedene Urnen- und Sargmodelle anschauen.

Bestattungswald / Friedwald / Ruheforst

Ein Naturfriedhof, auf dem die Ascheurnen der Verstorbenen unter den Baumwurzeln beerdigt werden. Es gibt hier kein Grab, das gepflegt werden muss, nur kleine Schilder am Baum mit Namen und Daten der Verstorbenen.

Einäscherung

Bei einer Einäscherung wird ein toter Mensch in seinem Sarg verbrannt. Die Asche wird eingesammelt und in eine Urne gefüllt. Siehe auch „Krematorium“.

Einsargung

Wenn der tote Mensch an dem Ort, an dem er gestorben ist, in den Sarg gelegt wird, spricht man von Einsargung.

Erdbestattung

Der Verstorbene wird – meist im Sarg – in sein Grab gelegt.

Feuerbestattung

Der Verstorbene wird in seinem Sarg zu Asche verbrannt. Die Asche wird dann – meist in der Urne – in die Erde, ins Meer oder an einen anderen Ort gebracht.

Gruft
Ein unterirdischer Grab-Raum, meist unter einer Kirche. Oft stehen in einer Gruft mehrere Särge aus Stein. Früher wurden dort wichtige und vornehme Leute bestattet.

Hinterbliebene
Hinterbliebene sind Menschen, deren naher Verwandter gestorben ist. Oft werden damit die Ehepartner:innen oder die Kinder bezeichnet. Sie sind zurückgeblieben in der Welt der Lebenden.

Hospiz
Ein Haus, in dem Menschen leben, die nicht mehr gesund werden können. Die verbleibende Lebenszeit sollen sie so gut und schmerzfrei wie möglich verbringen. Hier können sie schlafen, spielen, essen, Musik hören und einfach das tun, was sie gerne tun.

Kolumbarium
Ein Regal oder eine Wand auf dem Friedhof mit kleinen Nischen für Urnen. Manchmal werden die einzelnen Kammern mit einer Steinplatte verschlossen, manchmal bleiben sie offen.

Kondolieren
Kondolieren kommt aus dem Lateinischen und heißt „Mitgefühl haben“. Wenn jemand gestorben ist, kondoliert man den Zugehörigen: Man sagt oder schreibt ihnen, dass es einem leidtut. Siehe auch: „Beileid“.

Krematorium
Ein Krematorium ist eine Anlage zur Verbrennung von Toten. Meist gibt es dort einen oder mehrere große Öfen, in denen die Särge verbrannt werden. Die übrigbleibende Asche wird dort in eine Urnenkapsel gefüllt.

Leichengift
Tote sind NICHT giftig! Immer noch glauben manche, dass es gefährlich sein könnte, eine Leiche zu berühren. Auch unter der Erde entwickelt ein toter Körper keine giftigen Stoffe. Er zersetzt sich mit der Zeit und wird wieder zu Erde.

Leichenhalle
Ein Haus, in dem die Körper der Verstorbenen aufbewahrt werden. Leichenhallen auf dem Friedhof haben oft kleine einzelne Räume, damit man sich in Ruhe von seinem toten Menschen verabschieden kann.

Leichenhemd / Totenhemd / Engelshemd
Langes Hemd, das einem verstorbenen Menschen im Sarg angezogen wird – falls er nicht in seiner eigenen Kleidung bestattet werden möchte. Es ist oft weiß und hinten offen, damit man es leicht überziehen kann. Manchmal sieht es auch vorne aus wie ein Anzug oder eine schicke Bluse.

Leichensack

Hülle für den Transport eines toten Körpers. Ein Leichensack ist besonders luft- und flüssigkeitsdicht und hat an der Oberseite einen langen Reißverschluss.

Leichenschau

Bei einer Leichenschau untersucht ein Arzt den Körper einer verstorbenen Person, um den Tod sicher festzustellen. Wenn der Tote in ein Krematorium soll, gibt es vor der Verbrennung eine zweite Leichenschau. Das ist die letzte Möglichkeit zu sehen, ob der Tod nicht vielleicht ein Verbrechen war.

Leichenschmaus

Viele Leute sind nach der Beerdigung müde und hungrig und möchten nicht allein sein. Sie treffen sich dann noch in einem Restaurant oder einem Café, um beieinanderzusitzen und noch ein bisschen zu reden. Andere Worte dafür sind zum Beispiel: Beerdigungskaffee, Trauermahl, Leidessen, Raue, Tränenbrot, Flannerts, Trösterkaffee.

Leichnam

Der tote Körper eines Menschen.

Mausoleum

Ein Mausoleum ist ein prunkvolles Gebäude als Grab für reiche und „wichtige" Personen. Das Wort kommt von einem persischen Herrscher namens Mausolos, der vor über zweitausend Jahren gelebt hat. Er hatte sich einen großen Palast bauen lassen, in dem er beerdigt werden sollte.

Mumie

Wenn ein Körper nach dem Tod noch lange Zeit erhalten bleibt, spricht man von einer Mumie. Entweder wurde sie von Menschen einbalsamiert und behandelt, oder sie lag in einer Umgebung, die eine Verwesung des Körpers verhinderte (zum Beispiel in Lehmboden oder im Eis).

Nachruf

Wenn jemand gestorben ist, wird oft noch einmal daran erinnert, wie sein Leben war und was an ihr oder ihm so besonders war. Nachrufe werden oft auch für bekannte Persönlichkeiten geschrieben. Sie werden nach ihrem Tod in Zeitungen oder im Internet veröffentlicht.

Obduktion

Manchmal weiß man nicht, woran genau ein Mensch gestorben ist. Bei einer Obduktion untersuchen Ärztinnen und Ärzte den toten Körper noch einmal sehr sorgfältig. Sie schneiden ihn auf und suchen an Organen und Geweben nach dem genauen Grund. Es kann sein, dass man dabei ein Verbrechen aufdeckt.

Palliativ-Versorgung, Palliativ-Station, Palliativ-Ärztin, Palliativ-Pfleger

„Palliare" ist lateinisch und bedeutet „jemanden mit einem Mantel umhüllen". Schwerkranke Menschen werden im letzten Abschnitt ihres Lebens von besonders ausgebildeten Menschen begleitet und versorgt. Sie sollen möglichst wenig Schmerzen und keine Angst haben. Sie sollen noch so gut wie möglich leben können.

Sternenkind

„Sternenkinder" sind Babys, die vor oder kurz nach der Geburt gestorben sind. Das ist ganz besonders traurig für die Eltern und alle, die zur Familie gehören. Denn dieser kleine Mensch wurde mit viel Liebe erwartet. Es kann tröstlich sein, sich dieses Kind als leuchtenden Stern am Himmel vorzustellen.

Stille Beisetzung

Eine Beerdigung ist „still", wenn es keine große Feier gibt: keine Reden, keine oder nur wenige Menschen, die kommen, keine oder nur ein bisschen Musik.

Testament

Vor seinem Tod kann man aufschreiben, wer später die unterschiedlichen Dinge bekommen soll, die einem zu Lebzeiten gehören. Erst wenn man gestorben ist, wird das Testament gelesen. Manchmal ist es für die Familie und Freunde eine große Überraschung, was sich der Verstorbene überlegt hat.

Todesanzeige

Mit einer Todesanzeige wird öffentlich (in der Zeitung oder im Internet) der Tod eines Menschen bekanntgegeben. Meist machen das die Zugehörigen einer Person. Man erfährt den Namen sowie den Geburts- und Todestag. Oft gibt es auch einen Spruch, der zu der Person passt, manchmal auch ein Foto.

Totenflecken

Totenflecken zeigen sich als bläulich-rote Flecken auf der Haut einer gestorbenen Person. Sie sind für eine Ärztin oder einen Arzt ein sicheres Zeichen für den Tod.

Totengräber

„Totengräber" ist eine alte Berufsbezeichnung. Heute ist ein „Friedhofswärter" für die Gräber auf einem Friedhof zuständig.
Es gibt auch eine Käfersorte, die so heißt. Diese Käfer graben tote Kleintiere (etwa Mäuse) im Wald ein und verbuddeln sie wie in einem Grab, um später ihre Brut damit zu füttern.

Totenmaske

Vom Gesicht eines toten Menschen kann man mit Hilfe von Gips einen Abdruck machen. Früher war es üblich, von berühmten Künstlern oder Musikerinnen Totenmasken anzufertigen. Die Abdrücke wurden dann gern in vornehmen Wohnstuben aufgehängt.

Totenruhe

Jede und jeder Tote soll eine Weile lang im Grab in Ruhe gelassen werden. Die Zugehörigen haben so genug Zeit, um Abschied zu nehmen und zu trauern. Nach und nach kann auch der tote Körper verwesen. Auf Friedhöfen wird deshalb festgelegt, wie lange ein Grab bestehen bleibt. Meist sind es zehn bis zwanzig Jahre.

Totenschein

Wenn jemand gestorben ist, muss eine Ärztin oder ein Arzt den Tod feststellen. Auf dem Totenschein werden alle wichtigen Informationen notiert.

Totenstarre

Ein paar Stunden nach dem Sterben werden die Muskeln des Körpers nach und nach fest und unbeweglich. Wie eingefroren. Für Ärztinnen und Ärzte, die den Tod feststellen, ist die Totenstarre ein sicheres Zeichen.

Trauerbegleiterin / Trauerbegleiter

Wer einen wichtigen Menschen verloren hat, kann mit einer Trauerbegleiterin oder einem Trauerbegleiter reden. Mit ihr oder ihm kann man dann über seine vielen unterschiedlichen Gefühle sprechen und Ideen entwickeln, was in der schweren Zeit hilft. Sie kennen sich gut mit Trauern aus.

Trauerrednerin / Trauerredner

Oft gibt es auf einer Beerdigung eine Rede, in der noch einmal an das Leben einer verstorbenen Person erinnert wird: Was war wichtig in ihrem Leben? Warum mochten alle sie so gern? Wann war es schwierig mit ihr? Was bleibt von ihr? Trauerredner sprechen mit den Zugehörigen, bevor sie ihre Rede für den Beerdigungstag aufschreiben. In einer Kirche übernimmt diese Aufgabe eine Pfarrerin oder ein Priester.

Überführung

Wenn ein Toter transportiert wird, wird er „überführt“ – zum Beispiel, wenn er vom Sterbeort abgeholt oder der Sarg zum Krematorium gefahren wird, oder auch, wenn er in ein anderes Land geflogen wird, um dort beerdigt zu werden.

Und Wiesen gibt es noch
und Bäume und
Sonnenuntergänge
und
Meer
und Sterne
und das Wort
das Lied
und Menschen
und

Rose Ausländer

Katharina von der Gathen lebt und arbeitet in Bonn. In ihren Kinderbüchern widmet sie sich gerne und mit Neugier besonderen Themen. Gemeinsam mit Anke Kuhl hat sie im Klett Kinderbuch Verlag „Klär mich auf", „Klär mich weiter auf", „Das Liebesleben der Tiere" und „AnyBody" veröffentlicht.

Anke Kuhl arbeitet als Illustratorin in der Labor Ateliergemeinschaft in Frankfurt. Für Klett Kinderbuch hat sie schon viele Bücher illustriert, darunter „Alles Familie!", das mit dem Deutschen Jugendliteraturpreis ausgezeichnet wurde, „Alle Kinder – ein ABC der Schadenfreude" und den preisgekrönten Kindercomic „Manno!".

★ SCHÄDELMASKE ★

Du brauchst: Schere, Kleber, ein Gummiband und bunte Stifte – sowie nach Möglichkeit einen Copyshop in der Nähe

Die Kopiervorlage auf einen Bogen nicht zu dünnes DIN A3 Papier kopieren.

Jetzt kannst du die Maske schön bunt bemalen, wenn du möchtest. Vielleicht so ähnlich wie die bunten mexikanischen Schädel auf Seite 124/125? Oder ganz anders? Oder du lässt sie einfach weiß – wie es dir gefällt!

Die Maske ausschneiden – die kleinen Löcher zum Durchgucken nicht vergessen!
An den Punktlinien leicht knicken, auf die gekennzeichneten Flächen Kleber auftragen, und diese dann an der Rückseite der Maske festkleben.

Zum Schluss für das Gummiband rechts und links kleine Löcher in die schwarzen Punkte pieksen.
Das Gummiband so an der Maske festknoten, dass es für deine Kopfgröße gut passt.

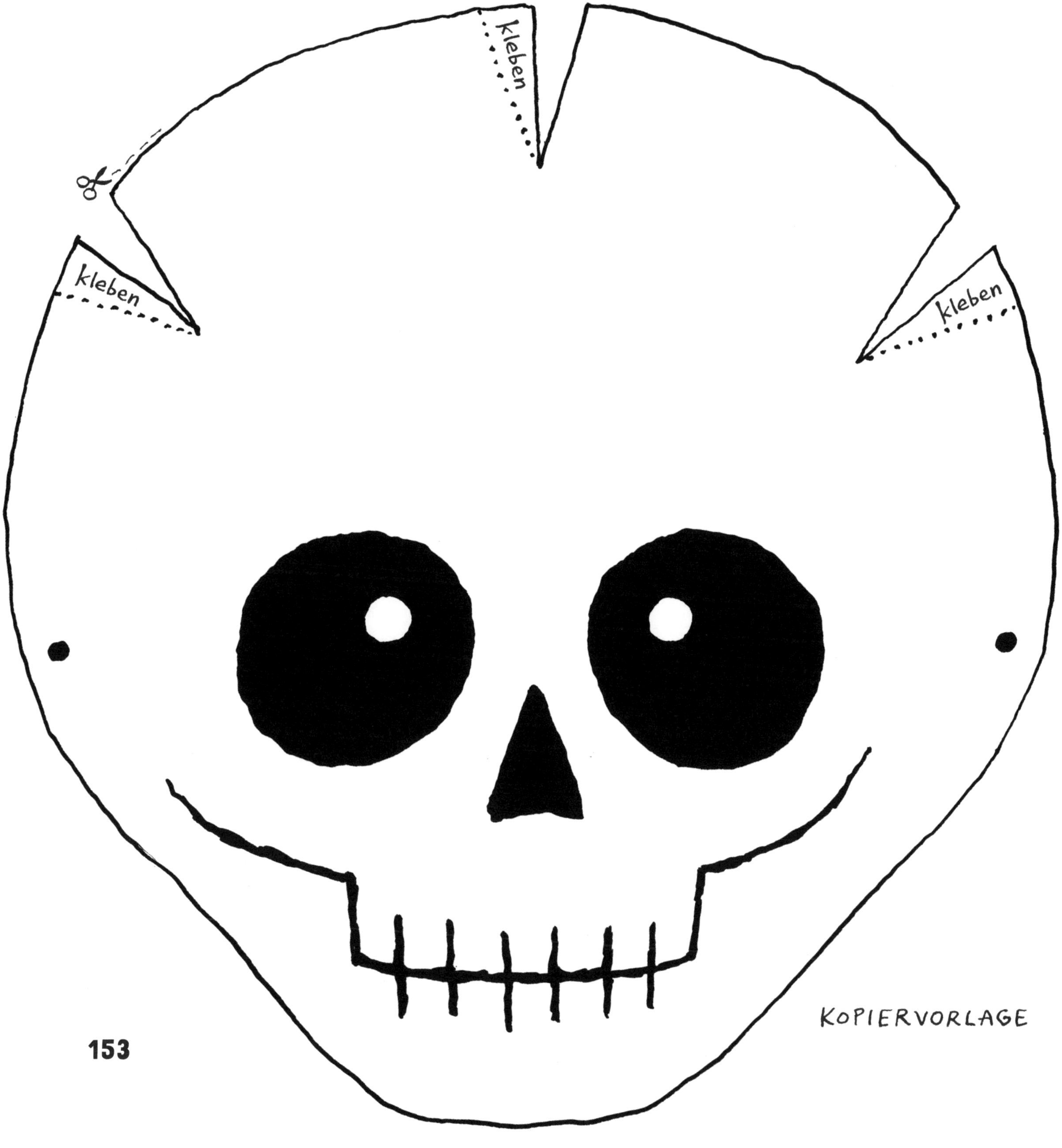
kleben
kleben
kleben
KOPIERVORLAGE

★ SÄRGLEIN ★

Du brauchst: Schere, Kleber und bunte Stifte – sowie nach Möglichkeit einen Copyshop in der Nähe

Die Kopiervorlage auf einen Bogen nicht zu dünnes DIN A3 Papier kopieren.

Jetzt kannst du das Särglein nach Belieben gestalten, ganz bunt oder einfarbig oder mit schönen Mustern …

Die beiden Teile ausschneiden, dann an den Punktlinien schön ordentlich knicken.

Zuerst beim Unterteil auf die gekennzeichneten Flächen Kleber auftragen und die kleine Kiste zusammenbauen.
Dann kommt der Deckel dran.

Wenn alles gut getrocknet und stabil ist, kannst du das Särglein befüllen. Zum Beispiel mit einem verendeten Käfer oder Regenwurm oder mit einer toten Maus, die euch eure Katze als Geschenk gebracht hat, auf Moos oder Blättern weich gebettet. Wer kommt zur Beerdigung?

Natürlich kannst du auch einfach ein Playmobilmännchen reinlegen oder so.
Dann aber bitte nicht vergraben, weil Plastik nicht verrottet.

Beide Bastelanleitungen findest du auch zum Herunterladen auf der Webseite von Klett Kinderbuch unter diesem Link:
https://www.klett-kinderbuch.de/radieschen-bastelseiten.html
oder mit diesem QR-Code:

KOPIERVORLAGE

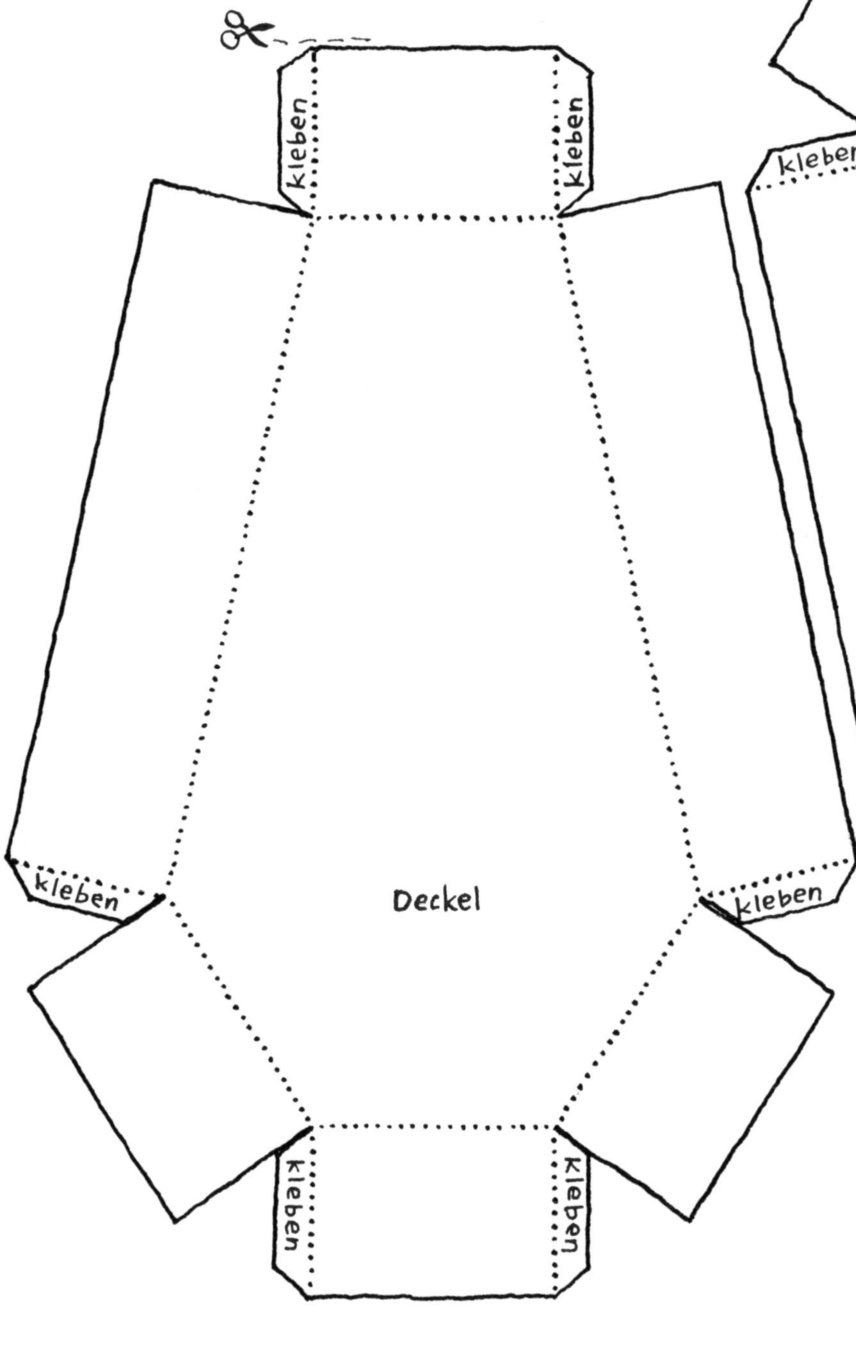

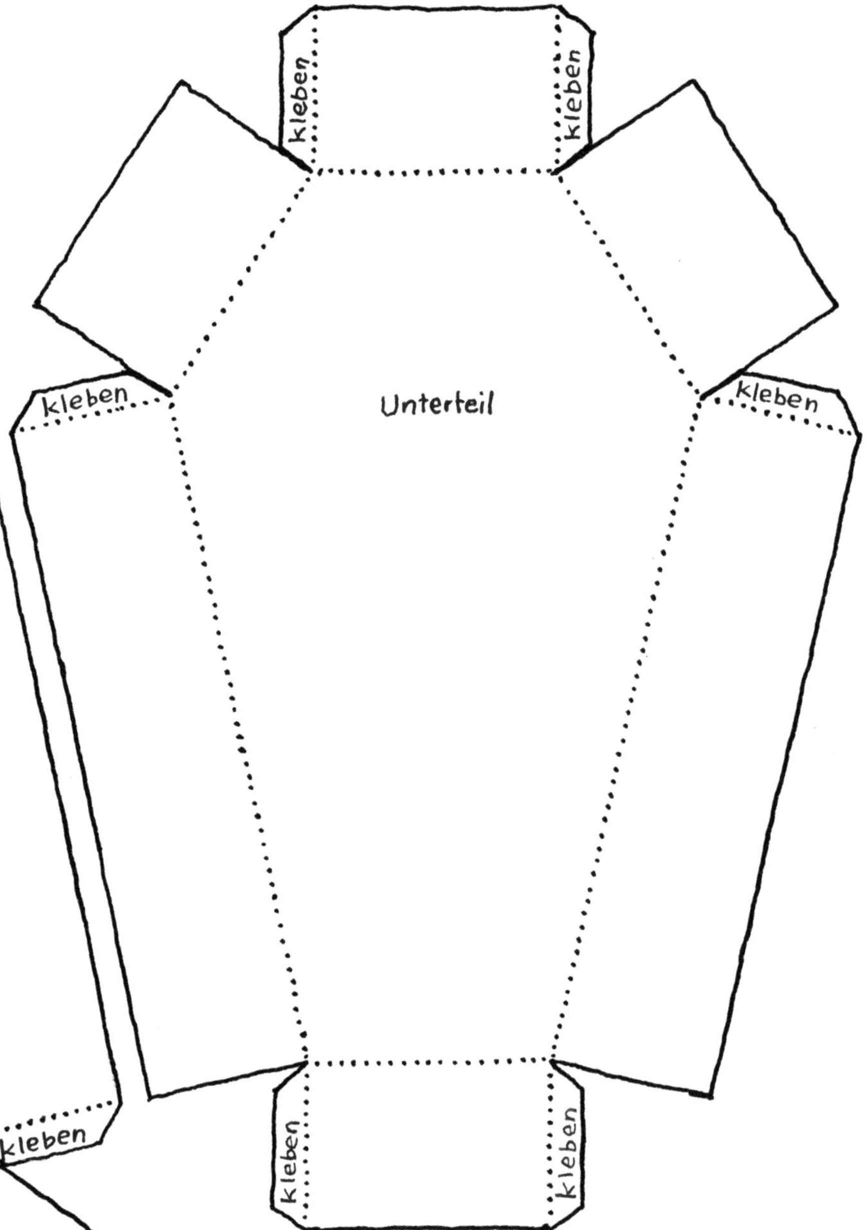

Das auf Seite 148 zitierte Gedicht „Und Wiesen gibt es noch …“ von Rose Ausländer stammt aus dem Gedichtzyklus „Wieder ein Tag aus Glut und Wind“, entnommen aus den „Gesammelten Werken, Band 6“, erschienen im S. Fischer Verlag. Wir danken dem Verlag für die freundliche Abdruckgenehmigung.

5. Auflage 2025

Umschlaggestaltung: Anke Kuhl

Satz & Layout: Florian von Wissel, hoop-de-la-design, Köln

Illustrationen: Anke Kuhl

Druck und Bindung: Livonia Print, Riga

Erschienen bei: Klett Kinderbuch Verlag GmbH,

Richard-Lehmann-Straße 14, 04275 Leipzig

info@klett-kinderbuch.de, www.klett-kinderbuch.de

Printed in Latvia

ISBN 978-3-95470-285-5

FSC www.fsc.org MIX Papier | Fördert gute Waldnutzung FSC® C002795

die Kurve kratzen, auschecken, umkommen, einschlafen, entschl
machen, in die schwarze Kiste hüpfen, über den Jordan gehen, da
ins Himmelreich kommen, zur Hölle fahren, die Radieschen von
dahinscheiden, das Leben verlieren, den Geist aufgeben, den Löffel
heimgehen, heimkehren, hinweggerafft werden, in die ewigen Jag
werden, vor seinen Richter treten, verlassen, versterben, zu Tode ko
sterben, auf Torf kauen, die Gänseblümchen nach oben klopfen, vor
in die Grube steigen, dran glauben müssen, die Grätsche mach
verenden, verblassen, eingehen, krepieren, fallen (im Krieg), abberu
allen Fleisches gehen, die letzte Fahrt antreten, die Hufe hochr
Stangerl fallen, von der Bühne des Lebens abtreten, in die Ewigk
Ruhe finden, über die Klinge springen, den letzten Weg gehen, al
auf der Strecke bleiben, aufhören zu atmen, aus dem Leben schei
anklopfen, das letzte Hemd anziehen, dran glauben müssen, dem L
verlieren, den Körper verlassen, den Kreis des Lebens schließen,
Weg gehen, den Schirm zuklappen, der Welt den Rücken kehren,
Ruhe finden, die Feder aus der Hand legen, die Lebensgeister
die Zeit ist abgelaufen, einen Abgang machen, erlöst werden, f
im Krieg geblieben sein, in den letzten Hafen einlaufen, in die
Schwert fallen, jede Hilfe kommt zu spät, die Lebensgeister ent
keine Sorgen mehr haben, sein Ablaufdatum erreicht haben, sein
anziehen, sich für immer verabschieden, sich zu seinen Ahne
werden, von dieser Welt gehen, zu Staub werden, zur ewigen R